이 책을 아이작 뉴턴Isaac Newton에게 바친다. 현대 과학의 아버지였던 그는 우리를 더욱 문명화된 사회로 이끌었으며 인류 전체의 거대한 도약을 가능케 했다.

PNSO 어린이 백과사전
공룡의 시간

자오촹 그림
양양 지음
마크 A. 노렐 감수
이승헌 옮김

추천사

마크 A. 노렐 박사(미국 자연사박물관 고생물학 분과 책임자)

저는 세계에서 가장 큰 박물관 중 한 곳에서 일하는 고생물학자입니다. 한때 이 지구에 살았던 갖가지 고생물 화석들에 둘러싸인 채 나날을 보내지요. 박물관을 잠시 떠나 몽골에서 화석을 발굴할 때에도, 중국에서 공동 연구에 참여할 때에도, 뉴욕에서 다양한 데이터를 분석할 때에도, 그리고 지구상의 곳곳에서 저술하고 강의할 때에도 공룡을 비롯한 고생물들은 언제나 저의 가장 큰 관심사입니다. 그리고 그 덕분에 생계에 필요한 수입을 얻기도 합니다.

대부분의 과학자들은, 심지어 가장 탁월한 과학자들조차도, 매우 폐쇄적인 환경에서 일하고 있습니다. 그래서 보통 사람들은 아무리 노력해도 과학에 접근하기가 쉽지 않지요. 예를 들어 수학은 아주 복잡하고, 생화학은 너무 어렵습니다. 하루가 다르게 쏟아지는 새로운 발견과 함께 정교화되는 수많은 이론을 따라잡기도 버거운 일이지요. 그래서 많은 사람들이 과학이란 지루하고 피곤한 일이라는 선입견을 갖고 있습니다. 이런 문제는 과학자들의 특성과도 무관하지 않습니다. 많은 과학자들은 너무 고지식해서 연구결과를 보통 사람들이 이해하기 쉽도록 재미있게 표현할 줄 모르거든요. 그래서 사람들은 과학이라면 지레 겁을 먹곤 합니다. 하지만 '공룡'이나 '익룡' 같은 주제는 좀 특별하지요. 공룡과 익룡을 안 좋아하는 사람은 없으니까요. 그래서 공룡을 비롯한 고생물들은 과학에 대한 사람들의 관심을 이끌어 내는 데 더없이 좋은 수단이기도 합니다.

양양과 자오촹, 이 두 사람은 그래서 특별합니다. 두 사람 모두 과학자가 아닌데도 엄청난 재능을 가진 매우 지적인 사람들이니까요. 그들은 그림과 글로 고생물에 대한 지식을 아주 쉽고 흥미롭게 전달하고 있습니다. 어린이부터 노인에 이르는 일반인들은 물론이고, 고생물을 연구하는 과학자들까지도 이 책에서 많은 것을 배우게 될 것입니다.

자오촹은 창의적인 일러스트, 모형, 영상을 활용해서 머나먼 과거에 출현했던 전설적인 생명체들의 모습과 행동을 예술적으로 표현했습니다. 그가 최신의 연구결과를 반영하고 과학자들과 긴밀하게 협업했기 때문에 가능했던 일이지요. 그리고 양양의 글은 단순한 지식 전달의 수준에 그치지 않습니다. 그녀는 탄탄한 서사구조를 가진 이야기를 짜내어 여러 가지 고생물에 대한 지식을 더욱 다채롭고 흥미롭게 전달하고 있습니다. 아주 쉽게 쓰인 이 책은 어린이에게 아주 흥미로운 읽을거리가 되겠지만 청소년 독자들에게도 특별한 과학적 경험을 선사할 것입니다. 공룡과 그 밖의 고생물에 대한 관심을 가진 사람이라면 누구나 이 책을 읽으며 지질학, 생물학, 진화학 개념을 재미있게 배울 수 있습니다. 마지막으로, 누구보다도 뛰어났던 두 사람과 함께 일한 것은 제게도 큰 영광이었다는 말을 전하고 싶습니다.

케라토사우루스 화석

지은이의 글

지구라는 행성에는 우리 외에도 수많은 생명체가 살고 있습니다.
―― 어린 독자들의 부모님들께 전하고 싶은 말씀

이 글을 쓰는 지금, 전 뒤뜰의 그늘에 앉아 있습니다. 나무 위 매미들의 합창 소리가 뒤뜰을 가득 채운 어느 오후지요. 초여름부터 매미들은 하루도 빠짐없이 행복하게 울었습니다. '행복하게'라는 표현이 적절할까요? 제가 볼 수 있는 것은 매미의 생애 중에서 아주 짧은 기간일 뿐입니다. 매미들은 유충일 때 땅속에 숨은 채 짧게는 수년에서 길게는 10여 년에 이르는 시간을 보낸 후에야 성충이 되니까요. 매미들이 우는 소리를 들으며, 그들도 이 지구에서 우리와 더불어 열심히 살고 있다는 사실을 새삼 느낍니다.

제 딸은 땅 위를 기어가는 개미 한 마리를 쫓아다니고 있습니다. 가끔은 킥킥대고 웃으며 아빠를 방해하기도 하고요. 또 잠시 후 그 아이는 바람에 날려 떨어져서 밤새 뒤뜰에 쌓인 나뭇잎을 찾아냅니다. 그것들을 한 움큼 주워 와서 아빠에게 자랑스레 보여 주지요. 전 아이에게 그것들이 떨어지기 전엔 나무에 붙어 있었다고 알려 줍니다. 잠시 후 딸은 장미 꽃잎 몇 개를 쥐고 먹는 시늉을 합니다. 전 곧바로 그것들은 꽃잎이고 먹으면 안 되는 것이라고 일러 주어야 하지요. 아이가 제 말을 이해한 것 같지는 않아요. 옹알이를 시작한 지도 얼마 안 되었으니까요. 딸은 개미, 나뭇잎, 꽃이 무엇인지 정확히 알지 못하지만 상관없어요. 아빠를 볼 때처럼, 그것들을 보는 것만으로도 웃음을 터뜨리며 즐거워하니까요. 아이에겐 개미든 나뭇잎이든 꽃이든 별 차이가 없을 겁니다. 어쩌면 엄마든 아빠든, 이모든 삼촌이든 상관없을지도 모르겠네요. 그저 자기와 더불어 이 세상의 한 자리를 차지하고 살아가는 모든 존재에 대해 호기심을 느낄 뿐입니다.

어른들이 이처럼 순수한 아이의 호기심을 잃어버리게 되는 이유는 무엇일까요? 그리고 오만한 시선으로 다른 생명체를 바라보면서, 먹이사슬의 정점에 올랐다는 이유만으로, 인간이야말로 가장 우월한 종이라고 생각하게 되는 이유는 무엇일까요?

다른 생명체 없이는 인류도 결코 살아남을 수 없습니다. 하지만 우리는 종종 착각에 빠지곤 하고 그런 착각에 기대어 다른 생명체를 이해할 때가 많아요. 닭고기는 맛있고(프라이드 치킨이건 훈제 치킨이건), 소고기는 맛도 좋고 영양가도 높다는 식이지요. 이런 왜곡된 지식이 끊임없이 주입되고 있으니, 우리가 이처럼 이기적이고 오만한 존재가 된 것은 이상한 일이 아닙니다.

오랫동안 이런 문제로 고민해 온 저는 우리와

다른, 셀 수 없을 만큼 다양한 생명체들에 관해 아이들에게 알려 주는 백과사전을 만들겠다고 결심했습니다. 그런 백과사전은 어른을 위한 책들과는 달라야 합니다. 어떤 동물의 몸길이, 키, 무게 같은 시시콜콜한 정보만으로는 부족하지요. 저의 목표는 동물에 관한 많은 정보를 전달하는 것이 아니라 지식과 사실을 초월한 무엇인가를 보여 주는 것이었어요. 이 책을 통해 전하려 한 것은 어쩌면 어느 오후에 뒤뜰을 가득 채운 매미들의 합창이었는지도 모르겠군요. 여러분의 눈앞에 그것들이 없다 해도, 여러분은 매미들이 우는 소리를 떠올릴 수도 있고, 제 딸을 매혹시킨 개미들의 행진을 떠올릴 수도 있을 겁니다. 우리가 그들에 대해 자세히 알지 못할지라도, 우리와 그들 사이엔 떼려야 뗄 수 없는 밀접한 관계가 있습니다. 아이에게 세상의 모든 것은 더없이 신비롭게 보입니다. 아이는 자기 자신, 가족, 유치원 선생님이나 친구들이 아닌, 더 넓은 세상의 수많은 생명체에 대해 알고 싶어 합니다. 아이가 꿈꾸는 세계는 집, 유치원, 마을을 지나 어디까지 확장될 수 있을까요? 아이들은 현재와 과거를 뛰어넘어 세상이 어디로 향해 움직이는지 알고 싶어 합니다. 그들의 순수한 호기심은 온 세상의 문을 여는 열쇠 같은 것이지요. 아이들의 쉴 새 없는 질문 덕분에 세계의 문이 열려 있는 것입니다. 하나만 알려 주면 아이는 스스로 열을 알아내니까요.

PNSO 어린이 백과사전의 기획 의도는 어린이들에게 또 다른 세계에 대한 앎과 생생한 감동을 전하는 것입니다. 어린이는 이 지구가 인간과 그 밖의 존재들이 공유하는 삶의 터전이라는 것을 알아야 합니다. '그 밖의 존재들'이란 실존하는 생명체일 수도 있고 상상의 동물일 수도 있겠지요. 일상의 현실은 물론이고 상상의 영역까지도 우리가 살아가는 세계의 일부니까요.

그런 세계와 존재에 관한 인식은 단순한 지식이 아니라 우리의 내면을 확장시키는 힘입니다. 그 힘을 얻으면 무지함으로 인해 오만해지거나, 사소한 것에 너무 집착하거나, 눈앞의 작은 이익 때문에 미래를 망쳐 버리는 일을 피할 수 있을 겁니다. 우리 인간이 다른 생명체 위에 군림하는 이기적이고 편협한 독재자여야만 하는 것은 아닙니다. 우리는 다른 생명을 존중해야 합니다. 그들은 태초부터 우리와 함께 살아오며 이 세계를 공유해 온 이웃이니까요. 숨이 막힐 만큼 거대한 이 세계에서 한 걸음 더 나아가기 위해선 서로가 조화를 이루어야 합니다.

아기의 옹알이를 들으면 그 시절의 순진무구한 호기심을 지키는 것이 얼마나 중요한지를 새삼 깨닫게 됩니다. 이 광대한 우주 속에서 우리가 겸손하게 한 걸음 한 걸음 내디딜 수 있는 것은 오로지 그런 호기심 덕분이지요. 자녀와 함께 이 책을 읽으시면서 여러분도 예전의 아이 같은 호기심을 되찾고 이 경이로운 세상을 탐험하시기를 기원합니다.

양양
8월의 어느 날, 베이징에서

벨로키랍토르의 스케치

책의 구성

002 | 추천사

004 | 지은이의 글

014 | 일러두기

016 | 공룡이라는 경이로운 생물

018 | 공룡 시대로 떠나는 시간 여행

020 | 본문

224 | 찾아보기

226 | 참고문헌

티라노사우루스 렉스의 스케치

차례

020 | 용반목 공룡 화석의 발굴 지역
022 | 용반목 공룡의 생존 시기

수각아목

024	빠른 속도와 화려한 볏을 자랑한 사냥꾼 **모놀로포사우루스**	054	커다란 머리를 자랑했던 **기가노토사우루스**
027	고생물학자들을 짜증나게 만든 공룡 **이리타토르**	056	티라노사우루스의 조상 **구안롱**
028	거대한 낚시꾼 **스피노사우루스**	059	최초의 깃털 달린 티라노사우르 공룡 **딜롱**
030	처음으로 이름을 갖게 된 공룡 **메갈로사우루스**	061	역사상 가장 흉포했던 공룡 **티라노사우루스 렉스**
033	귀가 밝은 사냥꾼 **헤레라사우루스**	062	아름다운 턱을 가진 공룡 **콤프소그나투스**
035	2개의 볏을 가진 **딜로포사우루스**	065	아름답지만 잔혹한 사냥꾼 **시노칼리옵테릭스**
037	우주에 다녀온 공룡 **코일로피시스**	067	우리에게 몸 색깔을 알려 준 **시노사우롭테릭스**
038	친구끼리도 서로 믿지 못하는 **마준가사우루스**	068	깃털을 가진 공룡 **베이피아오사우루스**
041	재빠른 거인 **아벨리사우루스**	070	커다란 타조처럼 생긴 **아르카이오르니토미무스**
042	용맹한 전사 **라자사우루스**	072	내 발톱은 너무 외로워! **모노니쿠스**
045	우연한 발견 **가소사우루스**	074	가장 작은 공룡 중 하나 **헤스페로니쿠스**
046	쥐라기 최강의 살육자 **알로사우루스**	077	4개의 날개를 지닌 작은 요정 **미크로랍토르**
048	먹잇감 고르기는 너무 힘들어! **스제추아노사우루스**	079	숨통을 조여 오는 **부이트레랍토르** 위기에 빠진 **가스파리니사우라**
050	쥐라기의 특급 사냥꾼 **양추아노사우루스**	080	무시무시한 발톱으로 무장한 **데이노니쿠스**
053	백악기의 호주를 지배했던 **아우스트랄로베나토르**	083	완벽한 사냥꾼으로 진화한 **유타랍토르**

용각아목

084	가장 영리한 사냥꾼 **벨로키랍토르**	107	누가 쫓아오는 거야? **루펜고사우루스**
086	새처럼 날개를 퍼덕이는 공룡 **시노르니토사우루스**	109	고양이 발톱을 가진 **플라테오사우루스**
088	침묵의 사냥꾼 **루안추안랍토르**	110	의심 많은 거대 공룡 **암피코일리아스**
090	짧은 앞다리를 가진 작은 공룡 **티안유랍토르**	112	채찍 같은 꼬리를 가진 **디플로도쿠스**
093	진정한 팀 플레이어 **드로마이오사우로이데스**	114	이리저리 치이는 동네북 **에우로파사우루스**
095	힘을 모아 함께 적을 물리치는 **드로마이오사우루스**	117	최장신 공룡 **사우로포세이돈**
096	난 알 도둑이 아니야! **오비랍토르**	118	마치 발레리나처럼 **에우헬로푸스**
098	마법의 깃털로 치장한 **카우딥테릭스**	120	거대한 다리처럼 긴 공룡 **마멘키사우루스**
101	스피드와 파워를 겸비한 암살자 **기간토랍토르**	122	난 그저 평범한 공룡이고 싶어요 **오메이사우루스**
103	뭘 파내고 있니? **에피덴드로사우루스**	124	내 꼬리는 비밀 무기야! **슈노사우루스**
104	공작처럼 화려한 꽁지를 가진 **에피덱시프테릭스**	127	온몸이 포도알로 뒤덮인 **암펠로사우루스**
		128	내 아기가 어디서 태어나면 좋을까? **동양고사우루스**
		131	팔자걸음으로 움직이는 거인 친구 **다시아티탄**
		132	가장 뚱뚱한 공룡 **후앙허티탄**
		134	한때 사상 최대의 공룡이라고 불렸던 **아르겐티노사우루스**

차례

136 | 조반목 공룡 화석의 발굴 지역
138 | 조반목 공룡의 생존 시기

조각하목

140	달리기 챔피언 **드리오사우루스**		**169**	책임감 있고 자상한 양육자 **마이아사우라**
143	공룡계의 유명 인사 **이구아노돈**		**170**	천 개가 넘는 이빨을 가진 **에드몬토사우루스**
145	하드로사우르의 고향은 아시아 **진타사우루스**			
146	큰 가시 같은 발톱 **진저우사우루스**			
148	등에 커다란 돛이 달린 **오우라노사우루스**			
151	큰 코로 말해요 **알티리누스**			
153	나이 들수록 커지는 볏 **코리토사우루스**			
155	'뿔'이 있다는 오해를 받은 **친타오사우루스**			
157	부채 같은 볏 **올로로티탄**			
158	노래하는 공룡 **파라사우롤로푸스**			
161	하드로사우르 가문에서 가장 큰 **산퉁고사우루스**			
163	이빨이 가장 많은 공룡 **하드로사우루스**			
164	중국 최초의 공룡 **만추로사우루스**			
167	'거대한 오리' **아나토티탄**			

주식두류	
173	언제나 모자를 쓰고 있는 **스테고케라스**
174	마법의 공룡 **드라코렉스**
176	가문의 최강자 **파키케팔로사우루스**
178	뿔이 없는 각룡류 공룡 **인롱**
180	북아메리카의 귀염둥이 공룡 **렙토케라톱스**
182	내 알을 건드리지 마! **아르카이오케라톱스**
184	꼬마 앵무새처럼 앙증맞은 입을 가진 **프시타코사우루스**
186	무섭도록 아름다운 뿔을 가진 **시노케라톱스**
188	여러 개의 뿔을 가진 힘센 싸움꾼 **스티라코사우루스**
190	외뿔 전사 **센트로사우루스**
193	머리 크기가 어른 열세 명과 맞먹는 **토로사우루스**
194	각룡류의 슈퍼스타 **트리케라톱스**

장순아목	
197	스테고사우루스의 친척 **타티사우루스**
198	가장 많은 골판을 자랑했던 **후아양고사우루스**
201	특이한 골판을 가진 **켄트로사우루스**
202	목이 길어 멋진 **미라가이아**
205	내 어깨 위의 장검 안 보여? **기간트스피노사우루스**
206	하늘을 향해 솟은 어깨 위의 쌍검 **투오지앙고사우루스**
209	장난감 블록 같은 골판을 가진 **우에르호사우루스**
210	검룡류를 대표하는 **스테고사우루스**
213	거대한 고슴도치 같은 **폴라칸투스**
215	아주아주 긴 꼬리를 가진 **사우로펠타**
217	호주의 중무장 전사 **쿤바라사우루스**
219	가장 완벽한 갑옷을 자랑하는 **사이카니아**
220	코에 뿔이 달린 **종위안사우루스**
223	갑옷 입은 초식공룡 **안킬로사우루스**

일러두기

① 아래에 표시된 각기 다른 색깔의 막대는 선사시대의 지질학적 구분을 나타냅니다.

② **척도**: 50cm, 1m, 5m, 25m
비교 대상: 농구공, 성인 남성, 성인 여성, 남자 어린이, 여자 어린이, 버스, 비행기
공룡의 크기 표시 방법: 공룡이 척도의 1단위보다 작을 때는 실루엣으로, 그 외의 경우에는 윤곽선이나 스케치로 표현했습니다.

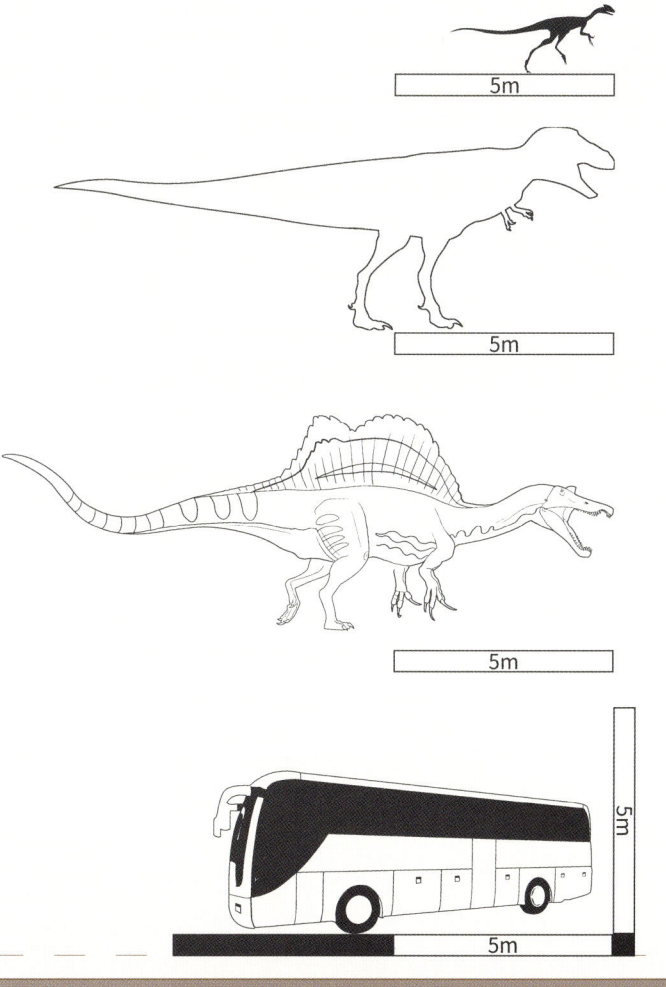

척도, 비교 대상, 공룡 윤곽선에 쓰인 CMYK 컬러 코드는 다음과 같습니다.

어두운 색: C0 M0 Y0 K80 ■

밝은 색: C0 M0 Y0 K20 ▨

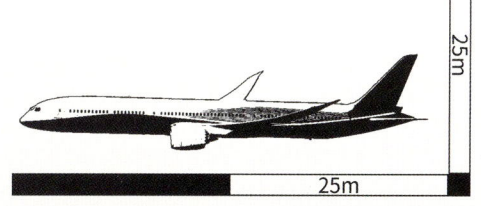

~145.0	100.5	66.0
쥐라기 후기	백악기 전기	백악기 후기
	백악기	
중생대		
현생 누대		

공룡이라는 경이로운 생물

2억 3500만 년 전 이 지구에는 (오늘날의 우리가 공룡이라고 부르는) 신비로운 동물들이 살고 있었습니다. 2억 3500만 년 전은 설명하기 힘들 만큼 오래전이지요. 너무 먼 옛날이어서 우리 인간이 출현하기까지는 그 후로도 오랜 시간이 지나야 했습니다.

그때는 공룡이 이 지구의 지배자였습니다. 지금 우리 인간이 그런 것처럼요. 공룡은 그 밖의 여러 가지 생물들과 공존했기 때문에 외롭지는 않았습니다.

공룡들 중 어떤 것은 엄청나게 커서 몸길이가 대형 버스 3대를 앞뒤로 연결한 것과 비슷할 정도였고, 키가 2층 건물 높이만 한 공룡도 있었습니다. 상상하기조차

힘든 크기지요. 그 거대한 몸을 유지하고 움직이려면 하루 온종일 먹어야 했고, 몸집에 걸맞은 엄청난 식욕을 갖고 있었습니다. 포유류 동물 한 마리를 통째로 삼킬 수도 있는 공룡도 있었어요. (아마 우리 조상에 해당하는 동물도 먹이가 되었을 겁니다.) 하지만 작은 고양이나 닭과 비슷할 만큼 작은 공룡도 있었습니다. 크기는 작아도 거대 공룡 못지않게 거칠어서 반려동물이 될 수는 없었겠지만요. 공룡은 크게 번성해서 수억 년 전의 지구를 지배했습니다.

공룡은 그 종류가 다양한 만큼 외모나 생활양식도 천차만별이었어요. 머리에 뿔이 달린 공룡, 등에 가시가 돋아 있는 공룡, 사냥을 하고 고기를 섭취하는 공룡, 식물만 먹는 공룡, 날쌔게 달리는 공룡, 심지어 하늘을 나는 공룡까지…. 공룡들은 우리의 상상을 초월하는 경이로운 존재였습니다.

공룡 시대의 지질학적 구분

트라이아스기 2억 5200만 ~ 2억 100만 년 전
쥐라기 2억 100만 ~ 1억 4500만 년 전
백악기 1억 4500만 ~ 6600만 년 전

공룡 시대로 떠나는 시간 여행

지구상의 전역에 살았던 온갖 종류의 공룡들을 직접 관찰할 수 있다면 정말 신나는 일이겠지요. 아쉽지만 지금으로선 불가능한 일이에요. 6600만 년 전의 대멸종 이후 세계의 모든 공룡들은 화석만 남긴 채 사라져 버렸으니까요. (여기서 공룡이란 새를 제외한 나머지 공룡을 가리키는 것입니다. 주류 과학자들은 오늘날의 새들도 넓은 의미의 공룡에 포함된다고 생각하는데, 이런 관점에선 공룡이 멸종하지 않았다고 볼 수도 있지요.) 조금 실망스러운 이야기지만, 우리는 일반적인 의미의 공룡을 직접 볼 수는 없어요.

하지만 공룡을 볼 수 없다는 말은 반만 진실입니다. 이 책을 통해서 공룡들의 세계를 어렴풋하게나마 엿볼 수 있으니까요. 공룡 시대로 떠나는 시간 여행 같은 거냐고요? 정답이에요.

자, 그럼 책 속의 타임머신을 타고 공룡들이 살고 있던 그 시간으로 출발해 봅시다.

화석

화석fossils이란 머나먼 과거에 살았던 생물의 시체나 흔적이 암석 속에 보존된 것입니다. 화석의 종류는 아주 다양한데 공룡 화석으로는 뼈, 피부, 발자국 등이 발견되고 있어요. 화석을 연구하면 인류가 출현하기 전의 자연환경과 공룡들의 진화 과정에 대해 이해할 수 있게 됩니다.

용반목 공룡 화석의 발굴 지역

024 모놀로포사우루스 *Monolophosaurus*
발굴 지역: 중국(아시아)

042 라자사우루스 *Rajasaurus*
발굴 지역: 인도(아시아)

045 가소사우루스 *Gasosaurus*
발굴 지역: 중국(아시아)

048 스제추아노사우루스 *Szechuanosaurus*
발굴 지역: 중국(아시아)

050 양추아노사우루스 *Yangchuanosaurus*
발굴 지역: 중국(아시아)

056 구안롱 *Guanlong*
발굴 지역: 중국(아시아)

059 딜롱 *Dilong*
발굴 지역: 중국(아시아)

065 시노칼리옵테릭스 *Sinocalliopteryx*
발굴 지역: 중국(아시아)

067 시노사우롭테릭스 *Sinosauropteryx*
발굴 지역: 중국(아시아)

068 베이피아오사우루스 *Beipiaosaurus*
발굴 지역: 중국(아시아)

070 아르카이오르니토미무스 *Archaeornithomimus*
발굴 지역: 중국, 우즈베키스탄(아시아)

072 모노니쿠스 *Mononykus*
발굴 지역: 몽골(아시아)

077 미크로랍토르 *Microraptor*
발굴 지역: 중국(아시아)

084 벨로키랍토르 *Velociraptor*
발굴 지역: 몽골, 중국(아시아)

086 시노르니토사우루스 *Sinornithosaurus*
발굴 지역: 중국(아시아)

088 루안추안랍토르 *Luanchuanraptor*
발굴 지역: 중국(아시아)

090 티안유랍토르 *Tianyuraptor*
발굴 지역: 중국(아시아)

096 오비랍토르 *Oviraptor*
발굴 지역: 몽골, 중국(아시아)

098 카우딥테릭스 *Caudipteryx*
발굴 지역: 중국(아시아)

101 기간토랍토르 *Gigantoraptor*
발굴 지역: 중국(아시아)

103 에피덴드로사우루스 *Epidendrosaurus*
발굴 지역: 중국(아시아)

104 에피덱시프테릭스 *Epidexipteryx*
발굴 지역: 중국(아시아)

107 루펜고사우루스 *Lufengosaurus*
발굴 지역: 중국(아시아)

118 에우헬로푸스 *Euhelopus*
발굴 지역: 중국(아시아)

120 마멘키사우루스 *Mamenchisaurus*
발굴 지역: 중국(아시아)

122 오메이사우루스 *Omeisaurus*
발굴 지역: 중국(아시아)

124 슈노사우루스 *Shunosaurus*
발굴 지역: 중국(아시아)

128 동양고사우루스 *Dongyangosaurus*
발굴 지역: 중국(아시아)

131 다시아티탄 *Daxiatitan*
발굴 지역: 중국(아시아)

132 후앙허티탄 *Huanghetitan*
발굴 지역: 중국(아시아)

053 아우스트랄로베나토르 *Australovenator*
발굴 지역: 호주(오세아니아)

027	이리타토르 *Irritator* 발굴 지역: 브라질(남아메리카)	
033	헤레라사우루스 *Herrerasaurus* 발굴 지역: 아르헨티나(남아메리카)	
041	아벨리사우루스 *Abelisaurus* 발굴 지역: 아르헨티나(남아메리카)	
054	기가노토사우루스 *Giganotosaurus* 발굴 지역: 아르헨티나(남아메리카)	
079	부이트레랍토르 *Buitreraptor* 발굴 지역: 아르헨티나(남아메리카)	
079	가스파리니사우라 *Gasparinisaura* 발굴 지역: 아르헨티나(남아메리카)	
134	아르겐티노사우루스 *Argentinosaurus* 발굴 지역: 아르헨티나(남아메리카)	

035	딜로포사우루스 *Dilophosaurus* 발굴 지역: 미국(북아메리카)	
037	코일로피시스 *Coelophysis* 발굴 지역: 미국(북아메리카)	
046	알로사우루스 *Allosaurus* 발굴 지역: 미국(북아메리카)	
061	티라노사우루스 렉스 *Tyrannosaurus rex* 발굴 지역: 미국(북아메리카)	
074	헤스페로니쿠스 *Hesperonychus* 발굴 지역: 캐나다(북아메리카)	
080	데이노니쿠스 *Deinonychus* 발굴 지역: 미국(북아메리카)	
083	유타랍토르 *Utahraptor* 발굴 지역: 미국(북아메리카)	
095	드로마이오사우루스 *Dromaeosaurus* 발굴 지역: 미국, 캐나다(북아메리카)	
110	암피코일리아스 *Amphicoelias* 발굴 지역: 미국(북아메리카)	
112	디플로도쿠스 *Diplodocus* 발굴 지역: 미국(북아메리카)	
117	사우로포세이돈 *Sauroposeidon* 발굴 지역: 미국(북아메리카)	

030	메갈로사우루스 *Megalosaurus* 발굴 지역: 영국(유럽)	
062	콤프소그나투스 *Compsognathus* 발굴 지역: 독일, 프랑스(유럽)	
093	드로마이오사우로이데스 *Dromaeosauroides* 발굴 지역: 덴마크(유럽)	
109	플라테오사우루스 *Plateosaurus* 발굴 지역: 독일, 스위스(유럽)	
114	에우로파사우루스 *Europasaurus* 발굴 지역: 독일(유럽)	
127	암펠로사우루스 *Ampelosaurus* 발굴 지역: 프랑스(유럽)	

028	스피노사우루스 *Spinosaurus* 발굴 지역: 이집트, 모로코(아프리카)	
038	마준가사우루스 *Majungasaurus* 발굴 지역: 마다가스카르(아프리카)	

 아시아    남아메리카   아프리카   유럽   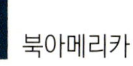 북아메리카  오세아니아

용반목 공룡의 생존 시기

033	헤레라사우루스 Herrerasaurus	트라이아스기
037	코일로피시스 Coelophysis	트라이아스기
109	플라테오사우루스 Plateosaurus	트라이아스기
024	모놀로포사우루스 Monolophosaurus	쥐라기
030	메갈로사우루스 Megalosaurus	쥐라기
035	딜로포사우루스 Dilophosaurus	쥐라기
045	가소사우루스 Gasosaurus	쥐라기
046	알로사우루스 Allosaurus	쥐라기
048	스제추아노사우루스 Szechuanosaurus	쥐라기
050	양추아노사우루스 Yangchuanosaurus	쥐라기
056	구안롱 Guanlong	쥐라기
062	콤프소그나투스 Compsognathus	쥐라기
103	에피덴드로사우루스 Epidendrosaurus	쥐라기
104	에피덱시프테릭스 Epidexipteryx	쥐라기
107	루펜고사우루스 Lufengosaurus	쥐라기
110	암피코일리아스 Amphicoelias	쥐라기
112	디플로도쿠스 Diplodocus	쥐라기
114	에우로파사우루스 Europasaurus	쥐라기
120	마멘키사우루스 Mamenchisaurus	쥐라기
122	오메이사우루스 Omeisaurus	쥐라기
124	슈노사우루스 Shunosaurus	쥐라기
027	이리타토르 Irritator	백악기
028	스피노사우루스 Spinosaurus	백악기
038	마준가사우루스 Majungasaurus	백악기
041	아벨리사우루스 Abelisaurus	백악기
042	라자사우루스 Rajasaurus	백악기

단위: 백만 년(전) 252.17 ±0.06 ~247.2 ~237 201.3 ±0.2 174.1 ±1.0 163.5 ±1.0

세(Epoch)	트라이아스기 전기	트라이아스기 중기	트라이아스기 후기	쥐라기 전기	쥐라기 중기
기(Period)	트라이아스기			쥐라기	
대(Era)					
누대(Eon)					

053	아우스트랄로베나토르 Australovenator 백악기	
054	기가노토사우루스 Giganotosaurus 백악기	
059	딜롱 Dilong 백악기	
061	티라노사우루스 렉스 Tyrannosaurus rex 백악기	
065	시노칼리옵테릭스 Sinocalliopteryx 백악기	
067	시노사우롭테릭스 Sinosauropteryx 백악기	
068	베이피아오사우루스 Beipiaosaurus 백악기	
070	아르카이오르니토미무스 Archaeornithomimus 백악기	
072	모노니쿠스 Mononykus 백악기	
074	헤스페로니쿠스 Hesperonychus 백악기	
077	미크로랍토르 Microraptor 백악기	
079	가스파리니사우라 Gasparinisaura 백악기	
079	부이트레랍토르 Buitreraptor 백악기	
080	데이노니쿠스 Deinonychus 백악기	
083	유타랍토르 Utahraptor 백악기	
084	벨로키랍토르 Velociraptor 백악기	
086	시노르니토사우루스 Sinornithosaurus 백악기	
088	루안추안랍토르 Luanchuanraptor 백악기	
090	티안유랍토르 Tianyuraptor 백악기	
093	드로마이오사우로이데스 Dromaeosauroides 백악기	
095	드로마이오사우루스 Dromaeosaurus 백악기	
096	오비랍토르 Oviraptor 백악기	
098	카우딥테릭스 Caudipteryx 백악기	
101	기간토랍토르 Gigantoraptor 백악기	
117	사우로포세이돈 Sauroposeidon 백악기	
118	에우헬로푸스 Euhelopus 백악기	
127	암펠로사우루스 Ampelosaurus 백악기	
128	동양고사우루스 Dongyangosaurus 백악기	
131	다시아티탄 Daxiatitan 백악기	
132	후앙허티탄 Huanghetitan 백악기	
134	아르겐티노사우루스 Argentinosaurus 백악기	

~145.0　　　　　100.5　　　　　66.0

쥐라기 후기　｜　백악기 전기　｜　백악기 후기
백악기
중생대
현생 누대

빠른 속도와 화려한 볏을 자랑한 사냥꾼
모놀로포사우루스

　모놀로포사우루스와 딜로포사우루스, 구안롱 같은 공룡들은 커다란 볏을 갖고 있었습니다. 이름이 비슷한 모놀로포사우루스와 딜로포사우루스는 볏의 모양도 비슷했는데, 모놀로포사우루스는 볏이 1개였지만 딜로포사우루스는 2개의 볏이 있었지요. 이 공룡들의 볏은 경쟁자에게 겁을 주고 이성을 유혹하는 도구였습니다. 몸길이가 5미터에 달하는 모놀로포사우루스는 아주 재빠르게 움직이는 포식자였습니다.

단위: 백만 년(전)	252.17 ±0.06	~247.2	~237		201.3 ±0.2		174.1 ±1.0	163.5 ±1.0
세(Epoch)	트라이아스기 전기	트라이아스기 중기	트라이아스기 후기			쥐라기 전기		쥐라기 중기
기(Period)			트라이아스기				쥐라기	
대(Era)								
누대(Eon)								

용반목 수각아목 | 025

학명: *Monolophosaurus*
길이: 5.5미터
식성: 육식
시기: 쥐라기
지역: 중국(아시아)

고생물학자들을 짜증나게 만든 공룡
이리타토르

이리타토르의 화석을 처음 발견한 아마추어 수집가들은 일부가 손상된 화석이 좀 더 온전해 보이게 하려고 두개골 부분에 석고를 적당히 발라서 모양을 변형했습니다. 과학자들은 이리타토르의 형태를 정확히 파악하기 위해 석고를 떼어내야 했고 그 작업이 아주 힘들었다고 합니다. 이 과정에서 과학자들은 짜증irritation을 느꼈고 그래서 공룡의 이름도 이리타토르Irritator라고 지었답니다. 이리타토르는 거대한 육식 공룡인 스피노사우루스의 가까운 친척입니다. 두개골의 모양이 아주 특이했던 이리타토르는 주로 물고기를 잡아먹었습니다.

학명: *Irritator*
길이: 약 8미터
식성: 육식(주로 어류)
시기: 백악기
지역: 브라질(남아메리카)

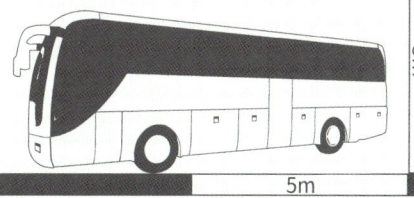

거대한 낚시꾼
스피노사우루스

가장 큰 육식공룡 중 하나인 스피노사우루스는 아주 특이한 생김새를 갖고 있었어요. 머리는 마치 악어같이 생겼고 등에는 커다란 '돛'이 달려 있었거든요. 스피노사우루스는 덩치가 아주 커서 경쟁자들을 쉽게 물리치고 온갖 먹잇감을 사냥할 수 있었습니다. 하지만 어떤 이유에서인지 특히 물고기를 즐겨 먹었어요. 이렇게 거대한 육식공룡이 물고기를 잡아먹었을 거라고 상상하기는 어렵겠지만요.

학명: *Spinosaurus*
길이: 15미터
식성: 육식(주로 어류)
시기: 백악기
지역: 모로코, 이집트(아프리카)

처음으로 이름을 갖게 된 공룡
메갈로사우루스

개들의 세계는 아주 단순합니다. 개들은 인간이 쓰는 '개'라는 단어가 무슨 의미인지조차 모르지요. 여러 가지 공룡의 이름들도 그저 먼 훗날에 출현한 인간이 만들어 낸 것일 뿐입니다. 메갈로사우루스는 과학자들이 처음으로 이름을 붙인 공룡이에요. 마치 톱니 같은 날카롭고 작은 이빨을 가진 흉포한 육식공룡이었습니다.

용반목 수각아목 | 031

학명: *Megalosaurus*
길이: 7~9미터
식성: 육식
시기: 쥐라기
지역: 영국(유럽)

귀가 밝은 사냥꾼
헤레라사우루스

　헤레라사우루스는 귀가 아주 예민해서 보이지도 않을 만큼 먼 거리에서 나는 소리도 들을 수 있었습니다. 때로는 시력 대신 청력만 사용해서 사냥을 할 수 있을 정도였지요. 덤불 속의 먹잇감이 조금 바스락거리는 소리만 내도 헤레라사우루스는 번개처럼 뛰어가서 순식간에 해치워 버릴 수 있었어요. 몸은 날씬했지만 힘이 아주 센 장사였답니다.

학명: *Herrerasaurus*
길이: 3~6미터
식성: 육식
시기: 트라이아스기
지역: 아르헨티나(남아메리카)

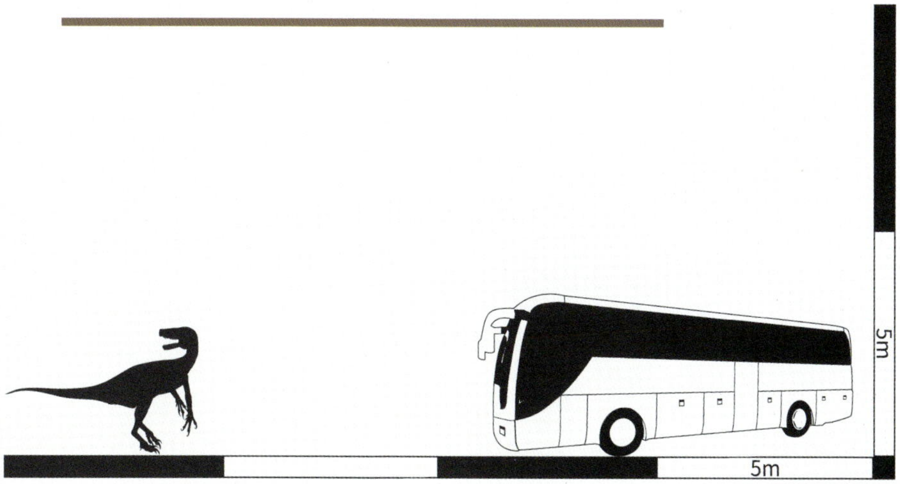

용반목 수각아목 | 035

2개의 볏을 가진
딜로포사우루스

　볏을 가진 동물을 본 적 있나요? 우리에게 친숙한 수탉과 호주에 사는 유황앵무 정도가 있지요. 그 외에는 또 무엇이 있을까요? 현재 남아 있는 동물 중에서 더 이상 생각나는 것이 없어도 상관없어요. 볏이 있는 공룡은 아주 많거든요. 딜로포사우루스의 머리에는 2개의 볏이 마치 알파벳 V처럼 달려 있어요. 딜로포사우루스는 아주 힘세고 용감한 공룡이었으니까, 승리victory를 나타내는 V는 더없이 잘 어울리는 장식이었을 거예요. 하지만 딜로포사우루스도 스피노사우루스처럼 물고기를 즐겨 먹었습니다.

학명: *Dilophosaurus*
길이: 6미터
식성: 육식(주로 어류)
시기: 쥐라기
지역: 미국(북아메리카)

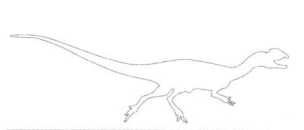
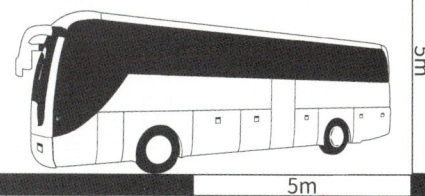

5m

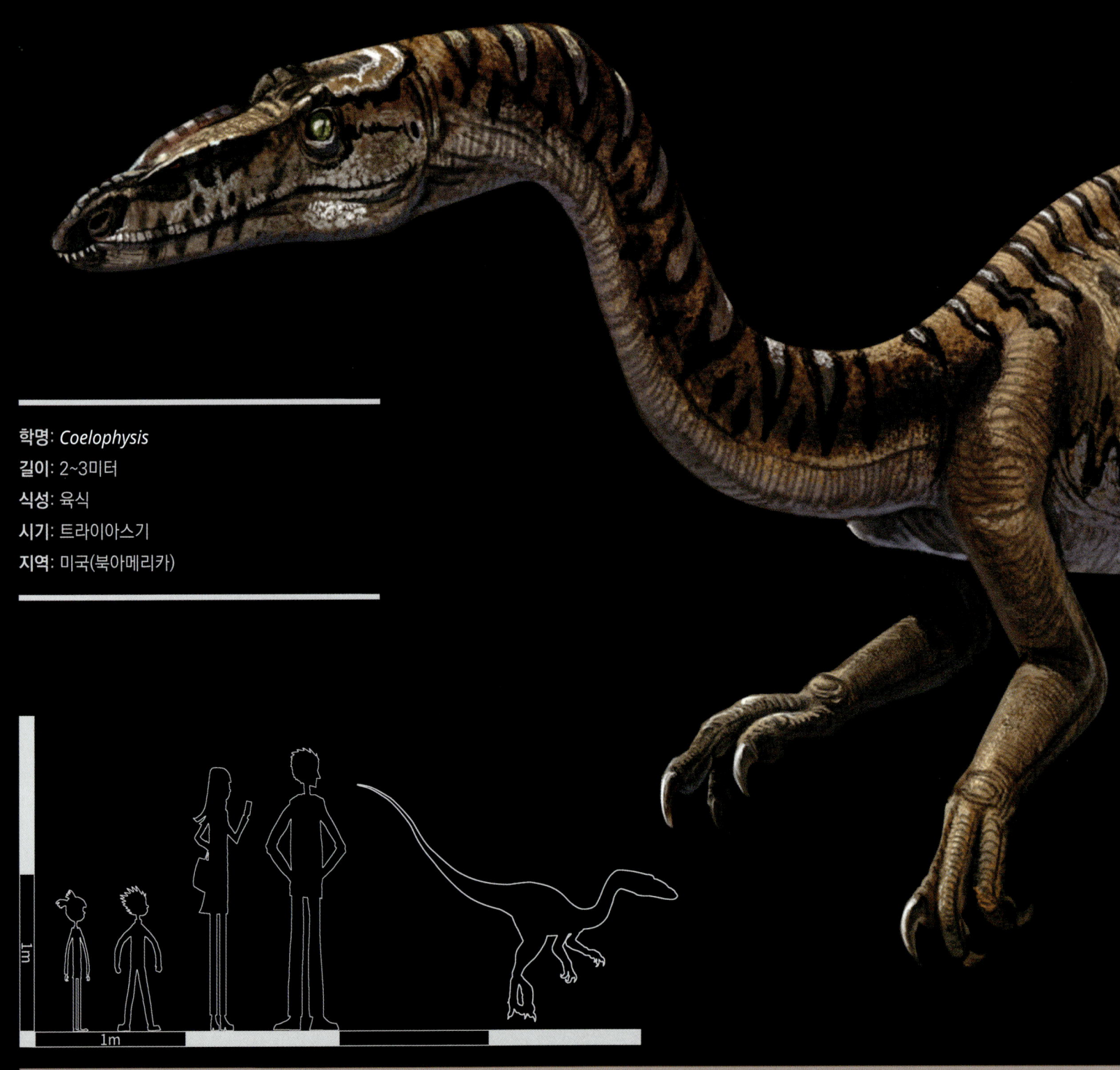

학명: *Coelophysis*
길이: 2~3미터
식성: 육식
시기: 트라이아스기
지역: 미국(북아메리카)

우주에 다녀온 공룡
코일로피시스

혹시나 해서 물어보는 건데, 혹시 우주에 가 본 적 있나요? 그저 짐작일 뿐이지만 아직은 없겠지요? 우주 여행은 사실 어른이 된 후에야 할 수 있는 일이에요. 하지만 코일로피시스는 우주에 가 본 공룡이랍니다. 생김새는 공룡이라기보다는 몸길이 3미터의 새에 가깝지만요. 물론 우주 공간에서는 외모는 그리 중요한 게 아니겠지요. 1998년 1월 22일, 코일로피시스의 두개골 화석을 실은 우주왕복선 인데버Endeavour가 마법 같은 여정을 시작했습니다.

친구끼리도 서로 믿지 못하는
마준가사우루스

중간 크기의 육식공룡인 마준가사우루스는 잔혹하기로 유명합니다. 과학자들이 발견한 증거에 따르면, 마준가사우루스는 배가 고프면 동족까지 잡아먹었다고 하니까요. 세상에!

학명: *Majungasaurus*
길이: 6~7미터
식성: 육식
시기: 백악기
지역: 마다가스카르(아프리카)

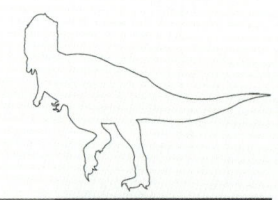

용반목 수각아목 | 039

재빠른 거인
아벨리사우루스

아벨리사우루스는 천부적인 달리기 선수였어요. 몸무게가 거의 1톤에 가까운 커다란 덩치와 안 어울리게 달릴 때는 아주 잽싸고 날렵한 공룡이었지요. 떼를 지어 숲속이나 언덕을 질주하며 협동해서 사냥을 했는데, 움직임이 느리고 둔한 초식공룡들은 좋은 먹잇감이 되었습니다. 그 무엇도 두려워하지 않았던 아벨리사우루스는 커다란 사냥감을 더 좋아했습니다.

학명: *Abelisaurus*
길이: 7~9미터
식성: 육식
시기: 백악기
지역: 아르헨티나(남아메리카)

용맹한 전사
라자사우루스

바람결에 뭔가 좋은 냄새가 실려 와요. 라자사우루스는 깊은 숨을 들이쉬고 그 냄새를 음미합니다. 라자사우루스는 냄새의 원인을 찾아 사방을 돌아보고 한 무리의 이시사우루스들을 발견합니다. 평소에 아주 좋아하는 먹잇감이지요. 생각만 해도 군침이 돕니다. 간식 먹을 시간이니까요!

학명: *Rajasaurus*
길이: 7~9미터
식성: 육식
시기: 백악기
지역: 인도(아시아)

용반목 수각아목 | 043

우연한 발견
가소사우루스

　공룡 화석들 중에는 과학자가 아닌 사람들에 의해 발견된 것이 많아요. 가소사우루스의 화석도 천연가스 채취회사의 직원에 의해 우연히 발견되었습니다. 그 회사는 천연가스가 매장된 곳을 찾다가 그 대신에 공룡 화석을 찾아낸 것이지요. 빠른 발과 날카로운 시각을 가진 가소사우루스는 깊고 어두운 숲속에서도 먹잇감을 쉽게 찾아낼 수 있었습니다.

학명: *Gasosaurus*
길이: 3.5미터
식성: 육식
시기: 쥐라기
지역: 중국(아시아)

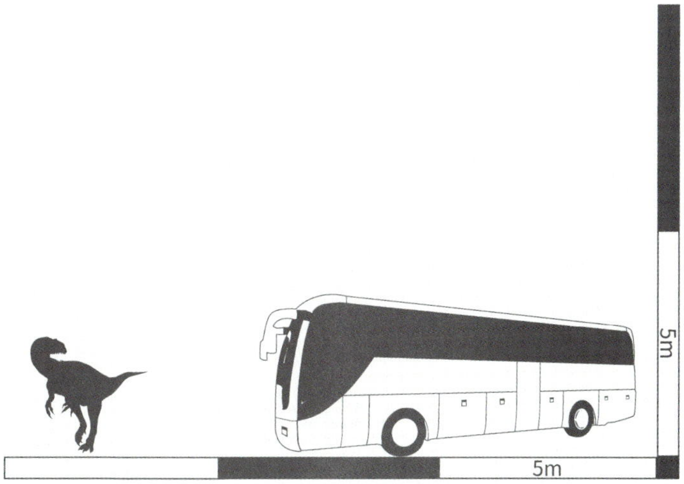

쥐라기 최강의 살육자
알로사우루스

쥐라기의 육식공룡 중 무엇이 제일 강했는지 아세요? 바로 알로사우루스였습니다. 알로사우루스는 제일 큰 육식공룡은 아니었어요. 예를 들어 근처에 살았던 토르보사우루스*Torvosaurus*는 몸길이가 11미터나 됐고 알로사우루스보다 더 컸지요. 하지만 알로사우루스는 날카로운 이빨, 25센티미터 길이의 무시무시한 발톱, 빨리 달릴 수 있는 튼튼한 뒷다리 같은 여러 가지 특별한 장점이 있었어요. 하지만 무엇보다도 아주 영리했기 때문에 최강의 살육자로 군림할 수 있었답니다.

학명: *Allosaurus*
길이: 8~9미터
식성: 육식
시기: 쥐라기
지역: 미국(북아메리카)

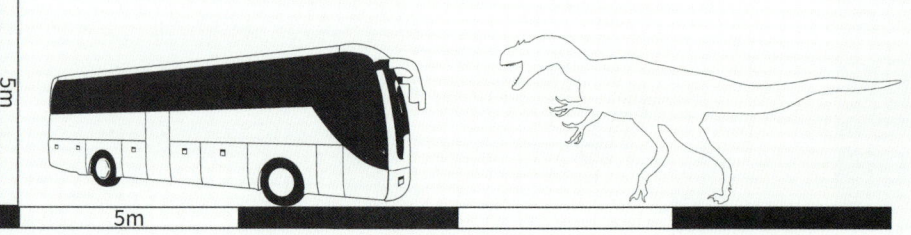

먹잇감 고르기는 너무 힘들어!
스제추아노사우루스

 그림에서 왠지 화난 것처럼 보이는 스제추아노사우루스는 근처를 지나가고 있는 한 무리의 추안지에사우루스*Chuanjiesaurus*를 불만스러운 표정으로 쳐다보고 있어요. 뭐가 잘못된 걸까요? 아, 짐작이 되네요. 너무 배가 고파서 꼬르륵 소리가 나고 군침이 뚝뚝 떨어질 지경인 것 같아요. 그런데도 왜 사냥을 시작하지 않고 머뭇거리는 걸까요? 추안지에사우루스는 스제추아노사우루스가 제일 좋아하는 먹잇감인데 말입니다. 아하, 모두 맛있어 보여서 뭘 먹어야 할지 고르기 힘든가 봐요.

학명: *Szechuanosaurus*
길이: 약 8미터
식성: 육식
시기: 쥐라기
지역: 중국(아시아)

쥐라기의 특급 사냥꾼
양추아노사우루스

공룡 시대에 양추아노사우루스와 마주치게 된다면 무조건 도망치는 게 최선입니다. 양추아노사우루스가 그 무시무시한 입을 벌리고 여러분을 뒤쫓아 올 테니까요. 양추아노사우루스는 쥐라기의 중국 지역에서 가장 무서운 공룡이었습니다. 날카로운 이빨과 발톱, 굵고 튼튼한 꼬리를 갖고 있었지요. 그 어떤 먹잇감도 놓치지 않는 무자비한 살육자였습니다.

용반목 수각아목 | 051

학명: *Yangchuanosaurus*
길이: 약 7~9미터
식성: 육식
시기: 쥐라기
지역: 중국(아시아)

백악기의 호주를 지배했던
아우스트랄로베나토르

　아우스트랄로베나토르는 육식공룡 치고는 조금 작아서 한편으로는 귀여워 보이기까지 합니다. 하지만 백악기에는 지금의 호주 지역에서 맹위를 떨치던 폭군이었어요. 최고의 무기는 앞발에 달린 갈고리 같은 발톱이었지요. 그림에서는 거대한 디아만티나사우루스*Diamantinasaurus*가 아수스트랄로베나토르의 공격을 받고 있습니다. 디아만티나사우루스가 몸집은 더 크지만 물속에서 움직임이 둔하고 맞서 싸울 방법도 없는 것 같아요. 아우스트랄로베나토르는 디아만티나사우루스의 목을 잔혹하게 물어뜯고 있어요. 이제 발톱으로 먹잇감의 가죽을 갈기갈기 찢을 차례입니다. 먹잇감의 상처에서 쏟아져 나오는 피가 강물을 붉게 물들이고 있네요.

학명: *Australovenator*
길이: 6미터
식성: 육식
시기: 백악기
지역: 호주(오세아니아)

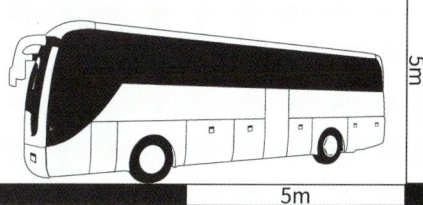

커다란 머리를 자랑했던
기가노토사우루스

기가노토사우루스는 가장 무시무시한 공룡 중 하나였는데, 가장 눈에 띄는 특징은 머리가 유달리 크다는 것이었습니다. 머리 길이가 1.6미터나 되었는데 아마 여러분 키보다도 컸을 거예요. 큰 머리 외에 다른 특징도 여러 가지 있었지요. 거대한 몸집, 날카로운 이빨, 무시무시한 발톱. 이 모든 무기를 활용해서 기가노토사우루스는 정글의 지배자가 될 수 있었습니다.

용반목 수각아목 | 055

학명: *Giganotosaurus*
길이: 12미터
식성: 육식
시기: 백악기
지역: 아르헨티나(남아메리카)

티라노사우루스의 조상
구안롱

구안롱은 비교적 작은 공룡이지만 티라노사우루스 렉스의 조상뻘 공룡 중 하나입니다. 구안롱의 외모에는 독특한 점이 있어요. 화려한 색상의 왕관 모양 볏이 머리에 달려 있고, 몸은 털로 덮여 있으며, 앞다리에는 깃털이 있어서 마치 날개처럼 보입니다. 구안롱은 원시적인 공룡이지만 튼튼한 뒷다리, 날카로운 이빨, 예리한 시각 등은 어엿한 티라노사우르(티라노사우루스상과에 속한 공룡들을 가리키는 말) 가문의 일원임을 보여 주고 있습니다. 실제로 티라노사우루스 렉스와 많은 공통점을 갖고 있기도 하지요.

학명: *Guanlong*
길이: 3.3미터
식성: 육식
시기: 쥐라기
지역: 중국(아시아)

용반목 수각아목 | 057

학명: *Dilong*
길이: 약 1.5미터
식성: 육식
시기: 백악기
지역: 중국(아시아)

최초의 깃털 달린 티라노사우르 공룡
딜롱

　구안롱과 마찬가지로 티라노사우루스 렉스의 조상 중 하나인 딜롱 역시 깃털을 갖고 있었습니다. 딜롱은 지금까지 발견된 깃털 달린 티라노사우르 공룡들 중 가장 오래된 것이기도 합니다. 딜롱의 원시적인 깃털의 주된 기능은 아마 보온이었을 것입니다. 조상 격인 공룡들이 깃털을 갖고 있었기 때문에 많은 과학자들은 그 후손인 티라노사우루스 렉스에게도 깃털이 있었을 거라고 추측합니다. 티라노사우루스 렉스만큼 강한 공룡은 아니었지만 딜롱도 작은 포유류를 얼마든지 잡아먹을 수 있는 유능한 사냥꾼이었습니다.

역사상 가장 흉포했던 공룡
티라노사우루스 렉스

   지금의 북아메리카에 해당하는 지역의 백악기 어느 날, 수많은 초식공룡들이 말라붙은 강바닥을 따라 북쪽으로 이동하고 있었습니다. 먹이가 나날이 줄어들어서 더 이상은 보금자리를 지킬 수 없게 되었으니까요. 그런데 갑자기 저만치 떨어져 있는 정글에서 티라노사우루스 렉스 한 마리가 뛰쳐나오더니 무리에서 떨어진 채 방황하는 성체 트리케라톱스에게 눈독을 들입니다. 더없이 흥분한 지구상 최강의 육식공룡은 트리케라톱스에게 돌진해서 무자비한 공격을 가합니다. 날카로운 이빨로 커다란 먹잇감을 사정없이 해치워 버리지요. 케찰코아틀루스*Quetzalcoatlus* 한 마리가 공중을 천천히 돌며 날고 있고, 드로마이오사우루스는 눈치를 보며 앞뒤로 왔다 갔다 하고 있네요. 그들은 티라노사우루스 렉스가 식사를 끝내면 남은 찌꺼기는 자기들 차지가 될 거라는 기대감에 차 있습니다.

학명: *Tyrannosaurus rex*
길이: 12미터
식성: 육식
시기: 백악기
지역: 미국(북아메리카)

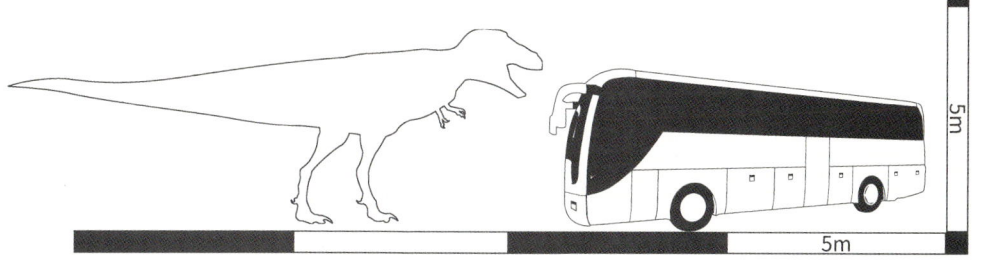

아름다운 턱을 가진 공룡
콤프소그나투스

에메랄드처럼 녹색으로 빛나는 숲은 소름이 끼칠 만큼 고요하고, 부드럽고 따뜻한 햇살은 콤프소그나투스를 비추며 긴 그림자를 드리웁니다. 콤프소그나투스는 가장 좋아하는 먹이인 바바리사우루스를 응시하며 미동도 없이 서 있다가 먹이를 삼켜 버리네요. 콤프소그나투스에겐 식은 죽 먹기일 뿐입니다.

학명: *Compsognathus*
길이: 1미터
식성: 육식
시기: 쥐라기
지역: 독일, 프랑스(유럽)

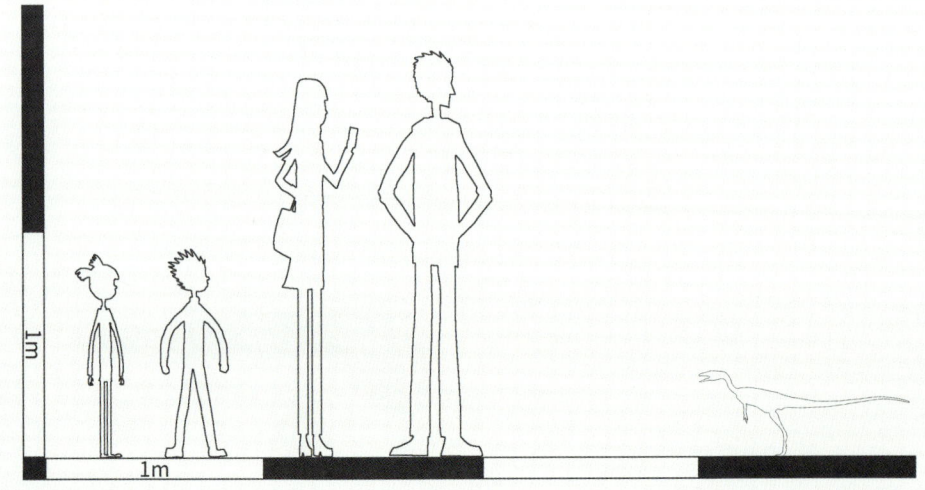

용반목 수각아목 | 063

아름답지만 잔혹한 사냥꾼
시노칼리옵테릭스

시노칼리옵테릭스는 〈백설공주〉 이야기에 등장하는 사악한 여왕 같아요. 아름답지만 더없이 잔혹하니까요. 그림에서는 좋아하는 먹잇감인 시노르니토사우루스를 사냥하고 있습니다. 무시무시한 턱으로 먹잇감의 오른쪽 다리를 씹어 삼키는 중이에요. 하지만 시노칼리옵테릭스를 비난할 수는 없습니다. 처절한 생존경쟁 속에서는 배를 채우고 살아남는 게 제일 중요하니까요.

학명: *Sinocalliopteryx*
길이: 2.4미터
식성: 육식
시기: 백악기
지역: 중국(아시아)

학명: *Sinosauropteryx*
길이: 0.7미터
식성: 육식
시기: 백악기
지역: 중국(아시아)

우리에게 몸 색깔을 알려 준
시노사우롭테릭스

어린이 여러분, 공룡들은 어떤 색깔이었을까요? 그림에 속으면 안 돼요. 물론 책에 실린 공룡 그림들은 솜씨 좋은 화가의 작품이지만 살아 있는 공룡을 실제로 본 사람은 없지요. 그래서 어느 정도는 상상에 의존해서 공룡의 색깔을 정할 수밖에 없어요. 하지만 시노사우롭테릭스는 실제 색깔이 알려진 공룡이에요. 화석이 비교적 잘 보존되어서 깃털까지 남은 채로 발견되었는데 깃털에 색소 성분이 포함되어 있었거든요. 과학자들은 그 성분을 분석해서 시노사우롭테릭스가 살아 있을 때 어떤 색깔을 띠고 있었는지 알아낼 수 있었어요. 맞아요, 이 그림은 시노사우롭테릭스의 실제 색깔을 그대로 재현한 것입니다.

깃털을 가진 공룡
베이피아오사우루스

베이피아오사우루스는 아주 특이하게 생겼습니다. 몸의 대부분이 비늘이 아닌 깃털로 뒤덮여 있거든요. 꽤 오랫동안 베이피아오사우루스는 깃털을 가진 공룡으로서는 가장 큰 종이라고 알려져 있었습니다. 하지만 2012년에 티라노사우르에 속하는 유티라누스가 발견되면서 그 영예를 빼앗기고 말았어요. 그렇지만 베이피아오사우루스는 과학자들에게 큰 충격을 안겨 준 공룡임에 틀림없습니다. 모식종(대표적인 종)의 이름은 베이피아오사우루스 이넥스펙투스*Beipiaosaurus inexpectus*인데 '모두를 놀라게 한 베이피아오사우루스'라는 뜻입니다.

학명: *Beipiaosaurus*
길이: 약 2.2미터
식성: 초식
시기: 백악기
지역: 중국(아시아)

커다란 타조처럼 생긴
아르카이오르니토미무스

　아르카이오르니토미무스는 백악기 후기에 아주 번성했던 공룡임에 틀림없습니다. 오늘날 발견되는 백악기 후기의 공룡 화석들 중에서 유독 이 공룡의 것이 많거든요. 커다란 타조처럼 생긴 아르카이오르니토미무스는 키가 크고 날씬하며, 온몸이 깃털로 덮여 있고, 아주 빨리 달릴 수 있습니다. 주로 벌레와 그 밖의 작은 동물들을 잡아먹었고 가끔은 과일을 섭취하기도 했습니다.

용반목 수각아목 | 071

학명: *Archaeornithomimus*
길이: 약 3미터
식성: 잡식
시기: 백악기
지역: 중국, 우즈베키스탄(아시아)

내 발톱은 너무 외로워!
모노니쿠스

모노니쿠스는 조금 괴상하게 생긴 공룡이에요. 두 앞발에 달린 발톱이 아주 크고 특이하거든요. 이 발톱을 어떻게 사용했냐고요? 글쎄요, 아주 어려운 질문이에요. 여러 과학자들은 모노니쿠스의 발톱은 개미집을 파는 데 쓰였을 것이라고 추측합니다. 모노니쿠스가 개미나 흰개미를 먹이로 삼았다는 것이지요. 오늘날의 개미핥기처럼요.

용반목 수각아목 | 073

학명: *Mononykus*
길이: 약 1미터
식성: 잡식
시기: 백악기
지역: 몽골(아시아)

가장 작은 공룡 중 하나
헤스페로니쿠스

헤스페로니쿠스는 고기를 좋아해요. 하지만 덩치 큰 다른 육식공룡들과 경쟁하기는 힘듭니다. 헤스페로니쿠스는 까마귀만큼 작은 공룡이거든요. 아마도 가장 작은 공룡 중 하나였을 겁니다. 물론 작으면 좋은 점도 많아요. 예를 들어, 작은 도마뱀 한 마리만 잡아먹고도 오랫동안 버틸 수 있지요. 그리고 거대한 용각류 공룡들의 발밑을 몰래 지나갈 수도 있습니다.

학명: *Hesperonychus*
길이: 0.7미터
식성: 육식
시기: 백악기
지역: 캐나다(북아메리카)

4개의 날개를 지닌 작은 요정
미크로랍토르

　미크로랍토르는 가장 유별난 공룡 중 하나입니다. 이 작은 공룡은 날개가 4개나 되거든요. 날개가 4개라니, 정말 특이하죠? 지금까지 발견된 날아다니는 공룡 중에선 가장 오래된 것이기도 합니다. 비행 솜씨가 그리 뛰어나지는 못해서 고작 나무와 나무 사이를 글라이더처럼 활공할 뿐이었지만, 그저 땅 위를 걷고 뛸 줄만 아는 공룡들과 비교하면 기적 같은 존재였지요. 미크로랍토르의 늠름한 모습을 보세요. 떠오르는 아침 해를 바라보고 4개의 날개를 펼친 채 나무 꼭대기에서 뛰어내려 공중을 가르고 사냥을 시작합니다.

학명: *Microraptor*
길이: 약 0.55~1미터
식성: 육식
시기: 백악기
지역: 중국(아시아)

숨통을 조여 오는 부이트레랍토르
위기에 빠진 가스파리니사우라

    귀여운 가스파리니사우라가 양치식물을 맛있게 먹던 중이었어요. 이파리에 아침 이슬이 맺혀 있어서 더욱 신선해 보였죠. 모든 초식공룡은 양치식물을 좋아합니다. 하지만 먹잇감을 찾아 헤매던 부이트레랍토르 세 마리의 눈에 띄고 말았어요. 그들이 천천히 다가오고 있지만 가여운 가스파리니사우라는 아무것도 모르고 있습니다. 생존을 위한 처절한 싸움이 곧 시작되겠군요.

학명: *Buitreraptor*
길이: 1미터
식성: 육식
시기: 백악기
지역: 아르헨티나(남아메리카)

학명: *Gasparinisaura*
길이: 약 1.7미터
식성: 초식
시기: 백악기
지역: 아르헨티나(남아메리카)

무시무시한 발톱으로 무장한
데이노니쿠스

데이노니쿠스Deinonychus라는 이름은 '무시무시한 발톱'이라는 뜻입니다. 특히 뒷발의 커다랗고 날카롭게 번뜩이는 발톱을 보면, 데이노니쿠스가 드로마이사우루스과에 속한 육식공룡임을 알 수 있습니다. 데이노니쿠스에게는 발톱보다 훨씬 더 강력한 무기가 하나 더 있습니다. 바로 뛰어난 지능이지요. 그래서 적을 다양한 방법으로 상대할 수 있습니다. 협동 공격을 즐기는 데이노니쿠스는 떼를 지어 사냥을 한 후에 먹이를 나눠 먹습니다. 한 번 대규모 사냥을 하면 몇 날 며칠 동안 식량 걱정을 하지 않아도 됩니다. 그림 속의 데이노니쿠스들은 피에 굶주린 입을 한껏 벌린 채 먹잇감을 향해 질주하고 있습니다.

학명: *Deinonychus*
길이: 3.4미터
식성: 육식
시기: 백악기
지역: 미국(북아메리카)

용반목 수각아목 | 081

완벽한 사냥꾼으로 진화한
유타랍토르

유타랍토르가 40센티미터 길이의 낫처럼 생긴 날카로운 발톱을 케드로레스테스*Cedrorestes*의 배에 찔러 넣었습니다. 케드로레스테스는 울부짖으며 예상치 못한 공격에서 벗어나려고 애썼지요. 유타랍토르는 발톱을 거둬 들인 후 다시 공격을 가합니다. 이번 표적은 상대의 등 쪽입니다. 케드로레스테스는 절망감에 빠지고, 희생자의 피를 볼수록 유타랍토르는 군침이 돕니다. 드로마이오사우루스과의 공룡들은 하나같이 타고난 포식자이지만, 그중에서도 크고 강하며 중무장한 유타랍토르는 가장 완벽한 사냥꾼입니다.

학명: *Utahraptor*
길이: 약 5.5미터
식성: 육식
시기: 백악기
지역: 미국(북아메리카)

가장 영리한 사냥꾼
벨로키랍토르

　가장 똑똑한 공룡은 무엇이었을까요? 티라노사우루스 렉스? 스테고사우루스? 아니면 알로사우루스일까요? 글쎄요, 내 생각엔 벨로키랍토르가 가장 영리한 공룡일 겁니다. 물론 인간만큼 지적인 생명체는 아니었지만 말이나 소보다는 영리한 동물이었던 것 같아요. 모두가 잠든 고요한 밤, 벨로키랍토르는 더 나은 전략을 짜느라 깊은 생각에 빠져 있습니다. 그들은 더 효율적이고 새로운 전술을 개발해서 사냥과 전투에 사용하는 것을 즐깁니다. 뛰어난 지능 덕분에 강한 상대를 만나도 좀처럼 패배하는 일이 없지요.

학명: *Velociraptor*
길이: 약 1.8미터
식성: 육식
시기: 백악기
지역: 몽골, 중국(아시아)

용반목 수각아목 | 085

새처럼 날개를 퍼덕이는 공룡
시노르니토사우루스

날개를 퍼덕이는 새들은 흔히 볼 수 있습니다. 하늘로 날아오르기 위해서는 아주 중요한 동작이지요. 날개를 퍼덕이는 공룡에 대해 혹시 들어 본 적 있나요? 새와 비슷한 견갑골과 쇄골을 가진 시노르니토사우루스는 새처럼 앞다리를 뻗어 위아래, 앞뒤로 움직일 수 있었습니다. 깃털까지 갖고 있었지만 그 깃털과 앞다리가 날개로 쓰기에는 조금 원시적이어서 아직 날 수는 없었어요.

학명: *Sinornithosaurus*
길이: 1미터
식성: 육식
시기: 백악기
지역: 중국(아시아)

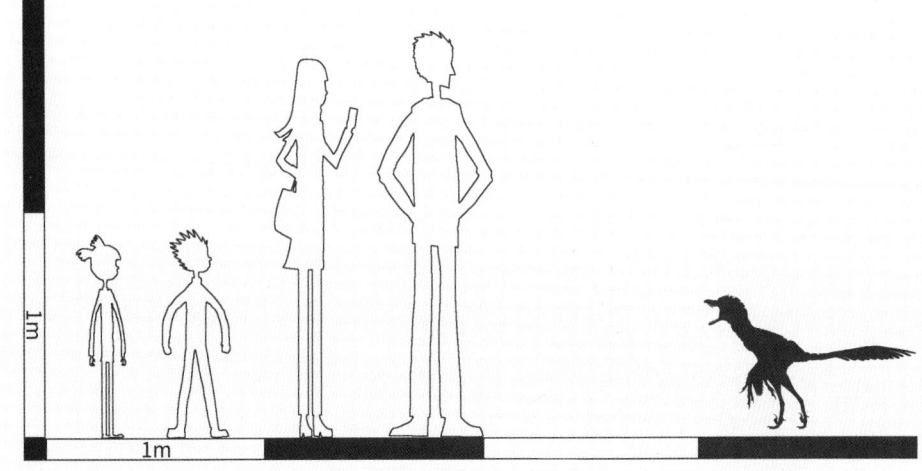

침묵의 사냥꾼
루안추안랍토르

중국 허난성의 백악기 어느 날이었습니다. 숲은 아주 고요했고 흐르는 물이 냇가의 자갈에 부딪치는 소리만 들릴 뿐이었지요. 두 마리의 루안추안랍토르가 냇물 위에 드리워진 나무 밑동 위를 조심스럽게 건넙니다. 도마뱀의 평화로운 휴식을 방해하고 싶지 않으니까요. 그러던 중 갑자기 날카로운 파열음이 들리고 작은 도마뱀은 머리를 돌려 무슨 일이 일어나고 있는지 살핍니다. 이럴 수가! 루안추안랍토르가 날카로운 발톱을 들고 돌진해 오고 있어요. 운명의 시간이 이렇게 빨리 다가올 줄은 몰랐습니다. 뒤늦게 도망쳐 보려고 안간힘을 쓰지만 도마뱀은 조용한 사냥꾼의 주둥이에서 벗어날 수 없습니다.

학명: *Luanchuanraptor*
길이: 2.6미터
식성: 육식
시기: 백악기
지역: 중국(아시아)

짧은 앞다리를 가진 작은 공룡
티안유랍토르

티안유랍토르는 앞다리가 아주 짧아서 다른 공룡 친구들의 비웃음을 살 때가 많지만 결코 좌절하는 일이 없습니다. 앞다리가 너무 연약해서 날아다니는 데 쓸 수는 없지만, 그 대신 뒷다리를 매일 단련시켜서 달리기라면 자신 있거든요. 날아다니는 것 못지않게 빨리 달릴 수 있습니다. 그 빠른 발로 지금은 나뭇가지 위의 풀벌레를 쫓고 있군요. 공룡 친구들도 더 이상은 비웃지 못할 겁니다.

학명: *Tianyuraptor*
길이: 약 1.6~2.3미터
식성: 육식
시기: 백악기
지역: 중국(아시아)

용반목 수각아목 | 091

진정한 팀 플레이어
드로마이오사우로이데스

드로마이오사우로이데스는 아주 호전적인 싸움꾼입니다. 몸길이가 2~3미터에 불과하지만 덩치 큰 상대와 싸우는 것을 마다하는 일이 없지요. 보세요. 지금도 세 마리의 드로마이오사우로이데스가 무리를 지어 캄프토사우루스를 공격하고 있습니다. 세 마리의 작은 강아지가 코끼리 한 마리에게 덤비는 꼴입니다. 하지만 드로마이오사우로이데스는 결코 물러서지 않습니다. 팀워크도 훌륭한 데다 아무도 모르는 비장의 무기가 있거든요. 바로 뒷다리의 무시무시한 발톱입니다. 벌써 공격을 개시해서 캄프토사우루스의 가죽을 찢고 있군요.

학명: *Dromaeosauroides*
길이: 2~3미터
식성: 육식
시기: 백악기
지역: 덴마크(유럽)

학명: *Dromaeosaurus*
길이: 2미터
식성: 육식
시기: 백악기
지역: 미국, 캐나다(북아메리카)

용반목 수각아목 | 095

힘을 모아 함께 적을 물리치는
드로마이오사우루스

    드로마이오사우루스는 아주 영리합니다. 한 마리 한 마리가 충분히 강한데도 힘을 모아 함께 싸우는 쪽을 택하거든요. 지혜를 모으고 힘을 합쳐 적을 물리치곤 합니다. '협동 공격' 전략은 공룡 시대에 아주 효과적이었고 사냥을 할 때도 언제나 큰 이점을 가져다주었습니다.

~145.0		100.5		66.0
쥐라기 후기	백악기 전기		백악기 후기	
		백악기		
중생대				
현생 누대				

난 알 도둑이 아니야!
오비랍토르

오비랍토르는 머리에 이상한 볏이 있는 작은 공룡이에요. 부리 모양의 입은 마치 뿔처럼 딱딱했습니다. 과학자들이 처음 발견한 오비랍토르 화석은 마치 다른 공룡의 알을 훔치는 것처럼 보였답니다. 그래서 '알을 훔치는 공룡'이라는 뜻의 오비랍토르Oviraptor라는 이름을 갖게 되었지요. 하지만 시간이 좀 더 흐른 뒤에 과학자들은 진실을 알고 놀라게 되었습니다. 오비랍토르는 남의 알을 훔친 게 아니라 자기가 낳은 알을 다른 공룡에게서 지키려고 했을 뿐이라는 사실이 밝혀졌거든요. 알 도둑이 아니라 책임감 있는 부모였던 겁니다. 하지만 공룡 이름은 한 번 정해지면 바꿀 수 없기 때문에 오비랍토르는 아직도 억울한 누명을 쓰고 있는 셈입니다.

학명: *Oviraptor*
길이: 1.8~2.5미터
식성: 잡식
시기: 백악기
지역: 몽골, 중국(아시아)

용반목 수각아목 | 097

마법의 깃털로 치장한
카우딥테릭스

깃털은 왜 필요한 걸까요? 새들이 날기 위해서는 깃털이 있어야 합니다. 하지만 공룡에게 깃털이 무슨 소용이 있을까요? 깃털을 가진 공룡도 있었습니다. 카우딥테릭스의 날개와 꼬리에 나 있는 아름다운 깃털이 보이나요? 물론 깃털을 가졌다고 해도 오늘날의 새들처럼 자유롭게 날 수는 없었을 겁니다. 꼬리 쪽의 깃털은 꽤 길지만 날개 쪽 깃털은 날아다니는 데 쓰기엔 너무 짧았거든요. 그래서 외모를 과시하는 것 외에는 별 쓸모가 없었을 것 같습니다. 그래도 너무 아름답지 않나요?

학명: *Caudipteryx*
길이: 0.75~0.8미터
식성: 잡식
시기: 백악기
지역: 중국(아시아)

용반목 수각아목 | 099

스피드와 파워를 겸비한 암살자
기간토랍토르

　오비랍토르과에 속한 공룡들은 대체로 작지만 기간토랍토르는 예외입니다. 심지어 티라노사우루스 렉스와도 맞서 싸울 수 있을 만큼 큰 공룡이었지요. 하지만 거대한 체구에도 불구하고 생물학적으로는 새에 가까운 공룡이기도 합니다. 긴 다리와 곧게 세운 몸통이 오늘날의 새와 아주 비슷해요. 이런 특징 덕분에 기간토랍토르는 힘이 셌을 뿐 아니라 아주 빨리 움직일 수 있었습니다. 몸길이가 8미터나 되는 거대한 새라니, 상상이 안 되지요?

학명: *Gigantoraptor*
길이: 약 8미터
식성: 육식
시기: 백악기
지역: 중국(아시아)

뭘 파내고 있니?
에피덴드로사우루스

　에피덴드로사우루스의 작은 몸집을 보면 이 공룡이 고기를 즐겨 먹는다는 사실을 믿기 힘들 거예요. 이 조그만 친구가 자랑하는 가장 두드러진 특징은 유독 기다란 앞발의 발가락입니다. 커다란 눈을 굴리며 맛있는 것이 있는지 찾고 그 긴 발가락으로 나뭇줄기의 구멍에서 먹잇감을 파내고 있어요. 오늘은 무엇을 찾아냈을까요? 저도 궁금하군요. 우리 함께 에피덴드로사우루스가 파내는 게 뭔지 알아볼까요?

학명: *Epidendrosaurus*
길이: 정확히는 알 수 없음
식성: 육식(주로 작은 동물과 벌레)
시기: 쥐라기
지역: 중국(아시아)

공작처럼 화려한 꽁지를 가진
에피덱시프테릭스

 동물원에서 공작 수컷이 꽁지를 부채처럼 펼치는 광경을 본 적 있나요? 공룡 중에도 공작처럼 화려한 꽁지를 가진 에피덱시프테릭스가 있었습니다. 물론 자세히 보면 공작의 꽁지와는 조금 달라요. 에피덱시프테릭스의 꽁지는 공작의 것과는 달리 부채꼴은 아니지요. 또 공작의 꽁지는 실제로는 허리 쪽의 깃털들이지만, 에피덱시프테릭스의 꽁지는 꼬리에 달린 깃털들입니다. 에피덱시프테릭스는 비둘기만 한 아주 작은 공룡이었습니다. 아름다운 깃털을 갖고 있었지만 날 수는 없었습니다.

학명: *Epidexipteryx*
길이: 약 0.25미터
식성: 잡식
시기: 쥐라기
지역: 중국(아시아)

용반목 용각아목 | 107

누가 쫓아오는 거야?
루펜고사우루스

맑고 화창한 어느 날, 싱싱한 나뭇잎 내음이 바람에 실려 다가옵니다. 루펜고사우루스 한 마리가 늘어지게 기지개를 켜면서 산책 준비를 하고 있네요. 아까 맛있는 나뭇잎을 맘껏 먹어 둬서 별로 배가 고프진 않았어요. 얼마 전 비가 듬뿍 내린 뒤로 나뭇잎이 아주 풍성하게 자라났었거든요. 루펜고사우루스가 만족감에 젖어 있을 때 뒤쪽에서 무엇인가 잽싼 발걸음으로 다가오는 소리가 들렸어요. 루펜고사우루스는 고개를 돌려 그 소리의 원인을 알아내려 합니다. 경계를 풀어서는 안 돼요. 루펜고사우루스는 체구가 크지만 몸놀림이 둔하고 성질도 너무 온순합니다. 잔혹한 포식자들과 맞서 싸우기엔 역부족이지요.

학명: *Lufengosaurus*
길이: 약 5~8미터
식성: 초식
시기: 쥐라기
지역: 중국(아시아)

고양이 발톱을 가진
플라테오사우루스

플라테오사우루스는 대체로 평범한 공룡처럼 보입니다. 목은 아주 길거나 짧지 않고, 꼬리도 특별히 두껍거나 얇지 않아요. 더구나 덩치가 크지도 작지도 않아서 플라테오사우루스를 다른 공룡들과 구분하기는 그리 쉽지 않습니다. 하지만 한 가지 빠뜨린 사실이 있어요. 플라테오사우루스에겐 아주 특별한 발톱이 있습니다. 앞발의 발톱 5개가 고양이 발톱처럼 날카롭거든요. 이 발톱으로 어떤 육식공룡이든 사정없이 할퀴어 물리칠 수 있고 나뭇잎을 긁어모을 수도 있어요. 플라테오사우루스에겐 발톱이 정말 유용한 도구입니다.

학명: *Plateosaurus*
길이: 4.8~10미터
식성: 초식
시기: 트라이아스기
지역: 독일, 스위스(유럽)

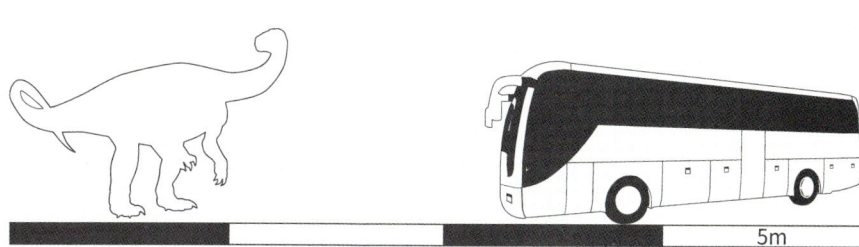

의심 많은 거대 공룡 암피코일리아스

큰 공룡은 많지만 그중에서도 가장 큰 것은 무엇일까요? 암피코일리아스가 가장 큰 공룡일 거라는 주장이 있습니다. 암피코일리아스의 화석 중에는 몸길이가 50~60미터나 되는 것도 있었는데 그것은 암피코일리아스 프라길리무스 Amphicoelias fragillimus 라고 명명되었습니다. 아무리 공룡이라고 해도 정말 터무니없이 크지요? 하지만 그렇게까지 큰 암피코일리아스 화석은 단 하나뿐이었는데 과학자들이 연구를 시작한 후 얼마 지나지 않아서 어디론가 사라져 버렸습니다. 그래서 암피코일리아스가 가장 큰 공룡이라는 주장은 설득력을 잃게 되었지요. 암피코일리아스 알투스 Amphicoelias altus로 명명된 다른 화석들은 그보다 훨씬 작아서 몸길이가 25~30미터였던 것으로 추정됩니다.

용반목 용각아목 | 111

학명: *Amphicoelias*
길이: 25~30미터
식성: 초식
시기: 쥐라기
지역: 미국(북아메리카)

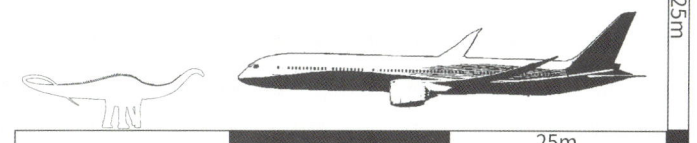

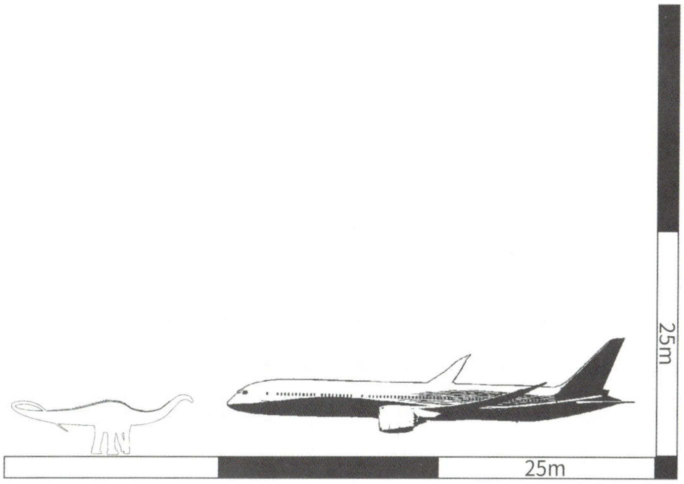

채찍 같은 꼬리를 가진
디플로도쿠스

 앞에서 소개한 암피코일리아스에 비해 디플로도쿠스는 많은 것이 밝혀진 편입니다. 발굴된 화석도 많고 관련된 연구도 풍부하게 이루어졌기 때문입니다. 디플로도쿠스는 지구상에 출현했던 동물들 중 가장 큰 것에 속하지만 그 거대한 체구에 비해서는 놀랄 만큼 가벼운 편입니다. 그 이유는 무엇일까요? 비밀은 신체의 비율에 있습니다. 몸길이가 무척 길지만 가늘고 긴 목과 꼬리가 대부분을 차지하고 두꺼운 몸통의 길이는 짧은 편입니다. 목은 대단히 길지만 구부리기 힘들어서 움직이는 데 제약이 있었습니다. 그 대신에 긴 꼬리는 훨씬 더 유연했고 양 옆으로 채찍처럼 휘두를 수 있어서 일종의 무기로 쓰였습니다. 어떤 적이든 다가오기만 하면 채찍 같은 꼬리를 휘둘러 멀리 쫓아 버리는 것이지요.

단위: 백만 년(전)	252.17 ±0.06	~247.2	~237		201.3 ±0.2		174.1 ±1.0	163.5 ±1.0
세(Epoch)	트라이아스기 전기	트라이아스기 중기		트라이아스기 후기		쥐라기 전기	쥐라기 중기	
기(Period)			트라이아스기				쥐라기	
대(Era)								
누대(Eon)								

용반목 용각아목 | 113

학명: *Diplodocus*
길이: 25~30미터
식성: 초식
시기: 쥐라기
지역: 미국(북아메리카)

이리저리 치이는 동네북
에우로파사우루스

　에우로파사우루스의 가장 두드러지는 특징은 작다는 점입니다. 에우로파사우루스는 용각류 공룡 중 하나지만 다른 친척들과 비교하면 거인국에 간 걸리버처럼 아주 작은 편입니다. 과학자들은 에우로파사우루스가 그처럼 작은 것은 고립된 섬에 살았기 때문이라고 추측합니다. 섬은 공간도 먹이도 부족한 경우가 많으니까요. 이런 환경에 적응하려면 작아지는 것 외에는 뾰족한 수가 없습니다. 에우로파사우루스는 아주 작은 편이지만 아주 긴 목이나 채찍 같은 꼬리 등 용각류 공룡의 특징을 고스란히 지니고 있습니다.

학명: *Europasaurus*
길이: 1.7~6.2미터
식성: 초식
시기: 쥐라기
지역: 독일(유럽)

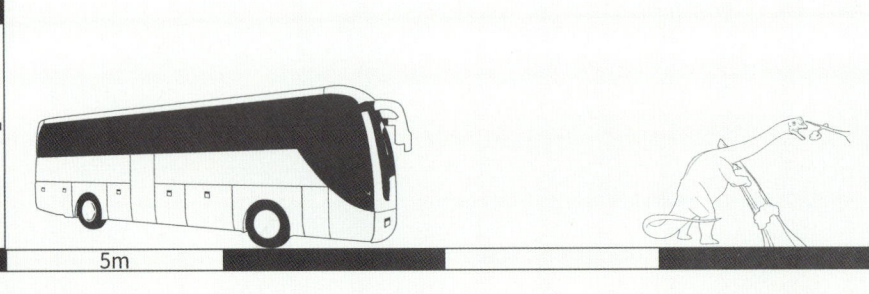

용반목 용각아목 | 115

최장신 공룡
사우로포세이돈

키가 크면 좋은 점이 많습니다. 적어도 나무 꼭대기의 맛있는 나뭇잎을 차지하기엔 훨씬 유리합니다. 키가 작아서 슬픈 세 마리의 불쌍한 캄프토사우루스 좀 보세요. 굶주림으로 배가 꼬르륵거리면서도 신선한 나뭇잎의 맛을 음미하는 사우로포세이돈을 부러움 섞인 눈으로 쳐다보는 것 말고는 아무것도 할 수 없습니다. 나뭇잎이 너무 높은 곳에 있으니까요. 사우로포세이돈은 가장 키가 큰 공룡이었습니다. 키가 무려 17미터나 되었는데 6층 빌딩 높이와 비슷합니다. 사우로포세이돈이 나뭇잎을 맛있게 먹으면서 슬며시 웃고 있는 것 같군요.

학명: *Sauroposeidon*
키: 약 17미터
식성: 초식
시기: 백악기
지역: 미국(북아메리카)

마치 발레리나처럼
에우헬로푸스

　과학자들이 에우헬로푸스의 화석을 처음 발견했을 때는 과학적 지식이 부족해서 이 공룡이 발가락을 편 채 땅에 붙이고 걸었을 것이라고 생각했어요. 하지만 실제로는 발가락을 세우고 마치 〈백조의 호수〉를 공연하는 발레리나처럼 걸었답니다. 에우헬로푸스는 목이 용각류 공룡 중에서도 가장 긴 편이었어요. 몸통이 아주 튼튼했고, 앞다리가 뒷다리보다 길었습니다. 마치 기린처럼, 그 긴 목을 사용해서 아주 높은 나무 같은 곳에 있는 먹이를 자유롭게 섭취할 수 있었습니다.

용반목 용각아목 | 119

학명: *Euhelopus*
길이: 약 15미터
식성: 초식
시기: 백악기
지역: 중국(아시아)

거대한 다리처럼 긴 공룡
마멘키사우루스

마멘키사우루스의 몸을 보면 마치 거대한 다리 같아요. 완만한 곡선을 그리는 긴 다리의 한쪽 끝은 머리이고 반대편 끝은 꼬리인 셈이지요. 특히 목을 주의 깊게 살펴보세요. 목의 비율로 따지면 마멘키사우루스는 역사상 목이 가장 긴 동물이라고 할 수 있습니다. 몸 전체의 길이가 18~35미터였는데 목의 길이가 절반을 차지할 정도입니다.

학명: *Mamenchisaurus*
길이: 18~35미터
식성: 초식
시기: 쥐라기
지역: 중국(아시아)

용반목 용각아목 | 121

25m

25m

난 그저 평범한 공룡이고 싶어요
오메이사우루스

오메이사우루스의 첫인상은 그저 평범한 공룡 같아요. 언뜻 보면 특별한 구석이 없습니다. 목과 꼬리가 긴 편이지만 그건 다른 용각류 공룡들도 마찬가지지요. 아주 온순해서 특별히 두드러지는 공룡이 아닙니다. 그래도 오메이사우루스는 이런 자신에 대해 불만이 없어요. 평범한 공룡이어도 상관없고 특별해지고 싶은 생각도 없는 것 같아요. 오메이사루우스는 삶을 사랑했고, 성공적으로 번식했습니다. 쥐라기 동안 오늘날의 중국에서 가장 흔한 공룡이기도 했지요.

학명: *Omeisaurus*
길이: 11~20미터
식성: 초식
시기: 쥐라기
지역: 중국(아시아)

내 꼬리는 비밀 무기야!
슈노사우루스

슈노사우루스는 용각류로 분류되지만 아주 크지는 않습니다. 그리고 목의 길이도 용각류에 속하는 다른 공룡들에 비해선 짧은 편이지요. 하지만 슈노사우루스에게는 다른 용각류 친척들이 모두 부러워하는 장점이 있어요. 긴 꼬리 끝에 단단한 곤봉이 달려 있거든요. 공격해 오는 적을 물리칠 수 있는 슈노사우루스만의 비밀 무기였습니다.

학명: *Shunosaurus*
길이: 8~12미터
식성: 초식
시기: 쥐라기
지역: 중국(아시아)

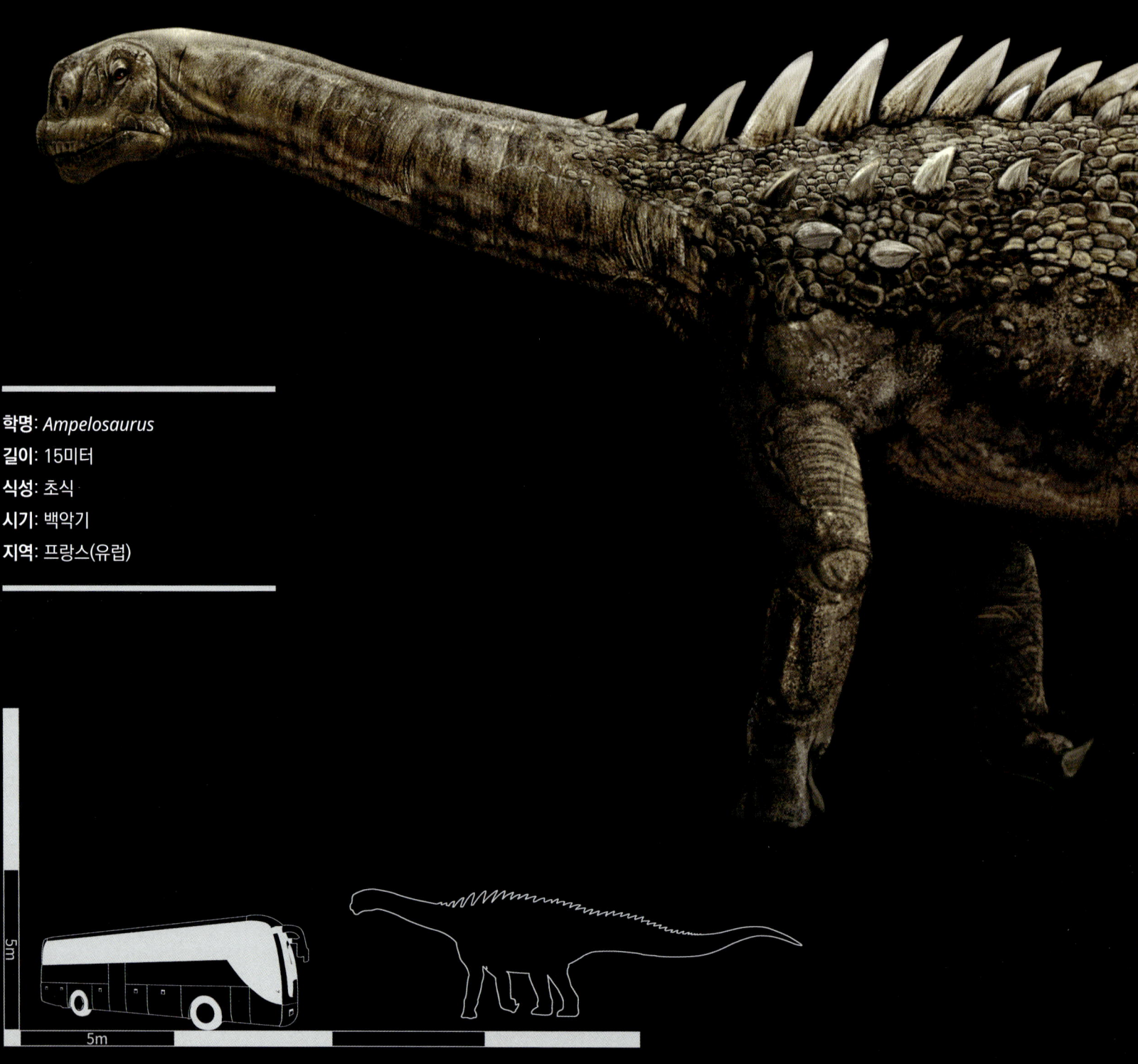

학명: *Ampelosaurus*
길이: 15미터
식성: 초식
시기: 백악기
지역: 프랑스(유럽)

단위: 백만 년(전)	252.17 ±0.06	~247.2	~237	201.3 ±0.2	174.1 ±1.0	163.5 ±1.0
세(Epoch)	트라이아스기 전기	트라이아스기 중기	트라이아스기 후기	쥐라기 전기	쥐라기 중기	
기(Period)	트라이아스기			쥐라기		
대(Era)						
누대(Eon)						

온몸이 포도알로 뒤덮인
암펠로사우루스

과학자들이 암펠로사우루스의 화석을 찾아낸 장소는 프랑스 남부의 어느 포도밭이었습니다. 그래서 '포도나무 드래곤'이라는 뜻의 암펠로사우루스*Ampelosaurus*라는 이름을 갖게 되었습니다. 이 공룡의 외모와 아주 잘 어울리는 이름입니다. 등 부분 전체가 거칠고 울퉁불퉁한 비늘로 덮여 있어서 포도송이처럼 보이기도 하니까요. 암펠로사우루스는 목이 아주 길지만 양옆으로 자유롭게 움직일 수 있었습니다. 또 긴 꼬리와 굵고 튼튼한 네 다리를 갖고 있었고 신선한 식물을 즐겨 먹었습니다.

~145.0　　　　　　　　　　　100.5　　　　　　　　　　　66.0

쥐라기 후기 | 백악기 전기 | 백악기 후기
백악기
중생대
현생 누대

내 아기가 어디서 태어나면 좋을까?
동양고사우루스

산란기가 되면 모든 공룡들은 알을 낳기에 안전한 장소를 찾느라 분주해집니다. 너무 추워도 안 되고, 땅이 너무 단단해도 좋지 않아요. 부화가 잘 되려면 적절한 조건이 필요하거든요. 그림 속의 동양고사우루스는 알을 낳을 장소를 찾다가 강가에 도착했지만 이미 다른 공룡들이 자리를 차지하고 있어서 발걸음을 돌립니다. 둥지를 틀 장소를 놓고 같은 공룡끼리 싸우느니 다른 곳을 찾는 게 낫다고 생각한 것 같아요.

학명: *Dongyangosaurus*
길이: 약 15미터
식성: 초식
시기: 백악기
지역: 중국(아시아)

용반목 용각아목 | 129

학명: *Daxiatitan*
길이: 26~30미터
식성: 초식
시기: 백악기
지역: 중국(아시아)

용반목 용각아목 | 131

팔자걸음으로 움직이는 거인 친구
다시아티탄

다시아티탄은 체구가 거대하고 목과 꼬리가 아주 긴 대형 공룡이었어요. 하지만 무섭다기보단 귀여운 쪽에 가까웠습니다. 엉덩이를 양옆으로 흔들면서 발끝을 바깥쪽으로 향한 채로 팔자걸음으로 움직였거든요. 아주 우스꽝스러웠겠지요. 하지만 따라 하지는 마세요. 어린이가 팔자걸음으로 걷는 모습은 좀 어색하니까요.

가장 뚱뚱한 공룡
후앙허티탄

후앙허티탄은 가장 유명한 뚱보 공룡 중 하나예요. '아시아의 왕'으로 알려져 있기도 해요. 몸길이는 18미터 정도이고 발가락의 길이가 20센티미터나 됩니다. 엉덩이 둘레가 2.8미터인데, 어린이 여러분 두세 명이 나란히 서서 양팔을 벌리면 비슷할 거예요. 커다란 덩치에 어울리게 굉장히 많이 먹는 공룡입니다. 그림을 보세요. 두 마리의 후앙허티탄이 나뭇잎을 몽땅 먹어치워서 앙상한 나뭇가지만 남아 있습니다. 먹이를 찾으려면 멀리 여행을 떠나야겠어요.

학명: *Huanghetitan*
길이: 약 18미터
식성: 초식
시기: 백악기
지역: 중국(아시아)

용반목 용각아목 | 133

한때 사상 최대의 공룡이라고 불렸던
아르겐티노사우루스

꽤 오랫동안 아르겐티노사우루스는 역사상 가장 큰 공룡으로 여겨져 왔습니다. 발견된 화석이 하나뿐인 암피코일리아스 프라길리무스와는 달리 아르겐티노사우루스의 화석은 꽤 많이 발견되었습니다. 그래서 몸길이가 30미터 이상이고 몸무게는 1톤이 넘었을 거라고 확신할 수 있었지요. 그 엄청난 수치 때문에 아르겐티노사우루스는 역사상 가장 큰 공룡의 지위를 오랫동안 지키고 있었습니다. 백악기에 오늘날의 중국에 살았던 루양고사우루스 *Ruyangosaurus* 화석이 발견되기 전까지는 말이지요. 하지만 루양고사우루스도 왕좌를 아주 오래 지키지는 못했어요. 그보다 더 큰 공룡인 파타고티탄 *Patagotitan*의 화석이 아르헨티나에서 발견되었거든요.

단위: 백만 년(전)	252.17 ±0.06	~247.2	~237		201.3 ±0.2		±1.0	163.5 ±1.0
세(Epoch)	트라이아스기 전기	트라이아스기 중기		트라이아스기 후기		쥐라기 전기		쥐라기 중기
기(Period)			트라이아스기				쥐라기	
대(Era)								
누대(Eon)								

용반목 용각아목 | 135

학명: *Argentinosaurus*
길이: 30미터 이상
식성: 초식
시기: 백악기
지역: 아르헨티나(남아메리카)

조반목 공룡 화석의 발굴 지역

145	진타사우루스 *Jintasaurus* 발굴 지역: 중국(아시아)	
146	진저우사우루스 *Jinzhousaurus* 발굴 지역: 중국(아시아)	
151	알티리누스 *Altirhinus* 발굴 지역: 몽골(아시아)	
155	친타오사우루스 *Tsintaosaurus* 발굴 지역: 중국(아시아)	
161	산퉁고사우루스 *Shantungosaurus* 발굴 지역: 중국(아시아)	
164	만추로사우루스 *Mandschurosaurus* 발굴 지역: 중국(아시아)	
178	인롱 *Yinlong* 발굴 지역: 중국(아시아)	
182	아르카이오케라톱스 *Archaeoceratops* 발굴 지역: 중국(아시아)	
184	프시타코사우루스 *Psittacosaurus* 발굴 지역: 몽골, 중국(아시아), 러시아(유럽)	
186	시노케라톱스 *Sinoceratops* 발굴 지역: 중국(아시아)	
197	타티사우루스 *Tatisaurus* 발굴 지역: 중국(아시아)	
198	후아양고사우루스 *Huayangosaurus* 발굴 지역: 중국(아시아)	
205	기간트스피노사우루스 *Gigantspinosaurus* 발굴 지역: 중국(아시아)	

206	투오지앙고사우루스 *Tuojiangosaurus* 발굴 지역: 중국(아시아)	
209	우에르호사우루스 *Wuerhosaurus* 발굴 지역: 중국(아시아)	
219	사이카니아 *Saichania* 발굴 지역: 중국(아시아)	
220	종위안사우루스 *Zhongyuansaurus* 발굴 지역: 중국(아시아)	

143	이구아노돈 *Iguanodon* 발굴 지역: 벨기에, 영국(유럽)	
157	올로로티탄 *Olorotitan* 발굴 지역: 러시아(유럽)	
202	미라가이아 *Miragaia* 발굴 지역: 포르투갈(유럽)	
213	폴라칸투스 *Polacanthus* 발굴 지역: 영국(유럽)	

148	오우라노사우루스 *Ouranosaurus* 발굴 지역: 니제르(아프리카)	
201	켄트로사우루스 *Kentrosaurus* 발굴 지역: 탄자니아(아프리카)	

140	드리오사우루스 *Dryosaurus* 발굴 지역: 미국(북아메리카)		180	렙토케라톱스 *Leptoceratops* 발굴 지역: 캐나다, 미국(북아메리카)
153	코리토사우루스 *Corythosaurus* 발굴 지역: 캐나다(북아메리카)		188	스티라코사우루스 *Styracosaurus* 발굴 지역: 캐나다(북아메리카)
158	파라사우롤로푸스 *Parasaurolophus* 발굴 지역: 캐나다, 미국(북아메리카)		190	센트로사우루스 *Centrosaurus* 발굴 지역: 캐나다(북아메리카)
163	하드로사우루스 *Hadrosaurus* 발굴 지역: 미국(북아메리카)		193	토로사우루스 *Torosaurus* 발굴 지역: 미국(북아메리카)
167	아나토티탄 *Anatotitan* 발굴 지역: 캐나다, 미국(북아메리카)		194	트리케라톱스 *Triceratops* 발굴 지역: 미국(북아메리카)
169	마이아사우라 *Maiasaura* 발굴 지역: 캐나다, 미국(북아메리카)		210	스테고사우루스 *Stegosaurus* 발굴 지역: 미국(북아메리카)
170	에드몬토사우루스 *Edmontosaurus* 발굴 지역: 캐나다, 미국(북아메리카)		215	사우로펠타 *Sauropelta* 발굴 지역: 미국(북아메리카)
173	스테고케라스 *Stegoceras* 발굴 지역: 캐나다, 미국(북아메리카)		223	안킬로사우루스 *Ankylosaurus* 굴 지역: 미국(북아메리카)
174	드라코렉스 *Dracorex* 발굴 지역: 미국(북아메리카)			
176	파키케팔로사우루스 *Pachycephalosaurus* 발굴 지역: 미국(북아메리카)		217	쿤바라사우루스 *Kunbarrasaurus* 발굴 지역: 호주(오세아니아)

 아시아　  남아메리카　 아프리카　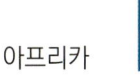 유럽　 북아메리카　 오세아니아

조반목 공룡의 생존 시기

140	드리오사우루스 Dryosaurus	쥐라기
178	인롱 Yinlong	쥐라기
197	타티사우루스 Tatisaurus	쥐라기
198	후아양고사우루스 Huayangosaurus	쥐라기
201	켄트로사우루스 Kentrosaurus	쥐라기
202	미라가이아 Miragaia	쥐라기
205	기간트스피노사우루스 Gigantspinosaurus	쥐라기
206	투오지앙고사우루스 Tuojiangosaurus	쥐라기
210	스테고사우루스 Stegosaurus	쥐라기
143	이구아노돈 Iguanodon	백악기
145	진타사우루스 Jintasaurus	백악기
146	진저우사우루스 Jinzhousaurus	백악기
148	오우라노사우루스 Ouranosaurus	백악기
151	알티리누스 Altirhinus	백악기
153	코리토사우루스 Corythosaurus	백악기
155	친타오사우루스 Tsintaosaurus	백악기
157	올로로티탄 Olorotitan	백악기
158	파라사우롤로푸스 Parasaurolophus	백악기
161	산퉁고사우루스 Shantungosaurus	백악기
163	하드로사우루스 Hadrosaurus	백악기
164	만추로사우루스 Mandschurosaurus	백악기
167	아나토티탄 Anatotitan	백악기
169	마이아사우라 Maiasaura	백악기

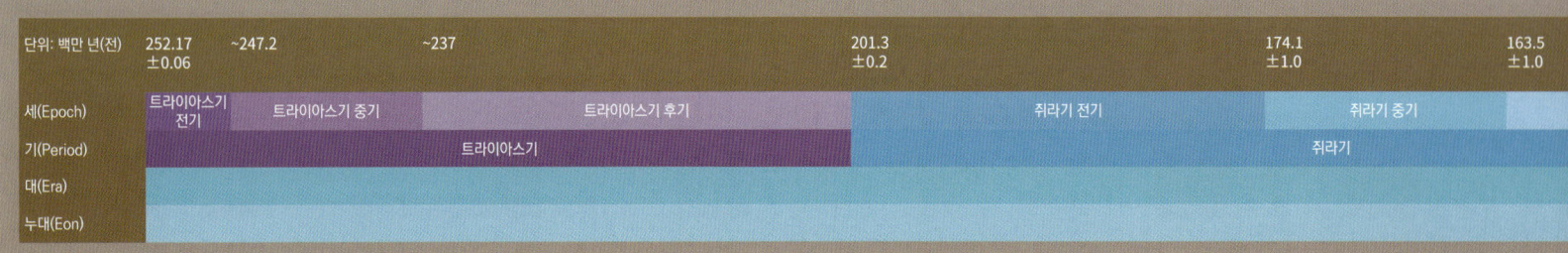

170	에드몬토사우루스 *Edmontosaurus* 백악기	
173	스테고케라스 *Stegoceras* 백악기	
174	드라코렉스 *Dracorex* 백악기	
176	파키케팔로사우루스 *Pachycephalosaurus* 백악기	
180	렙토케라톱스 *Leptoceratops* 백악기	
182	아르카이오케라톱스 *Archaeoceratops* 백악기	
184	프시타코사우루스 *Psittacosaurus* 백악기	
186	시노케라톱스 *Sinoceratops* 백악기	
188	스티라코사우루스 *Styracosaurus* 백악기	
190	센트로사우루스 *Centrosaurus* 백악기	
193	토로사우루스 *Torosaurus* 백악기	
194	트리케라톱스 *Triceratops* 백악기	
209	우에르호사우루스 *Wuerhosaurus* 백악기	
213	폴라칸투스 *Polacanthus* 백악기	

215	사우로펠타 *Sauropelta* 백악기	
217	쿤바라사우루스 *Kunbarrasaurus* 백악기	
219	사이카니아 *Saichania* 백악기	
220	종위안사우루스 *Zhongyuansaurus* 백악기	
223	안킬로사우루스 *Ankylosaurus* 백악기	

~145.0　　　　　　　　　　100.5　　　　　　　　　　66.0

쥐라기 후기 | 백악기 전기 | 백악기 후기
백악기
중생대
현생 누대

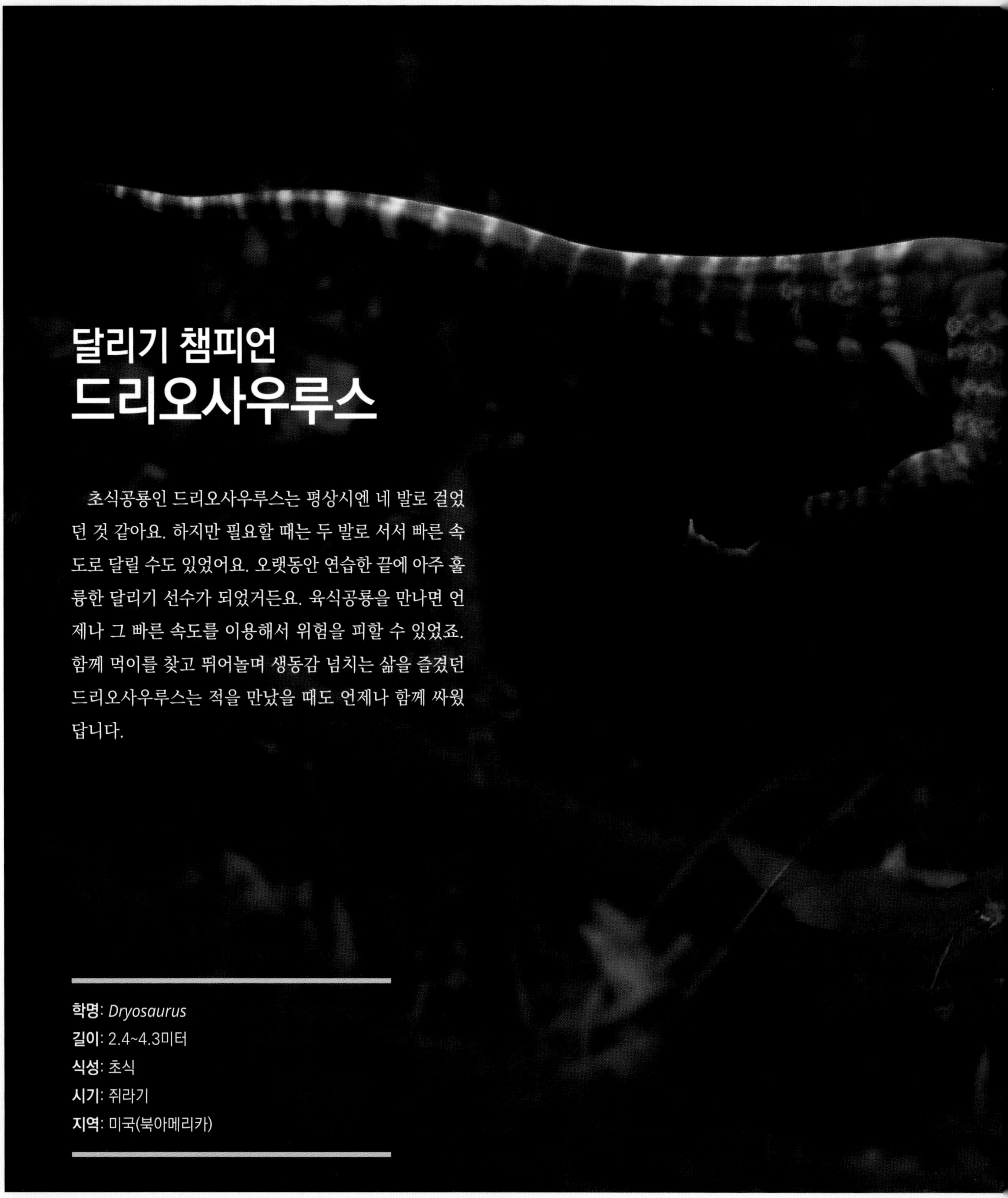

달리기 챔피언
드리오사우루스

초식공룡인 드리오사우루스는 평상시엔 네 발로 걸었던 것 같아요. 하지만 필요할 때는 두 발로 서서 빠른 속도로 달릴 수도 있었어요. 오랫동안 연습한 끝에 아주 훌륭한 달리기 선수가 되었거든요. 육식공룡을 만나면 언제나 그 빠른 속도를 이용해서 위험을 피할 수 있었죠. 함께 먹이를 찾고 뛰어놀며 생동감 넘치는 삶을 즐겼던 드리오사우루스는 적을 만났을 때도 언제나 함께 싸웠답니다.

학명: *Dryosaurus*
길이: 2.4~4.3미터
식성: 초식
시기: 쥐라기
지역: 미국(북아메리카)

조반목 조각하목 | 141

1m

학명: *Iguanodon*
길이: 9~11미터
식성: 초식
시기: 백악기
지역: 벨기에, 영국(유럽)

공룡계의 유명 인사
이구아노돈

　이구아노돈은 몇 가지 면에서 '최초'임을 자랑하는 공룡이에요. 과학자들의 연구에 따르면, 이구아노돈은 식물을 삼키는 것이 아니라 잘게 조각내어 씹을 수 있는 최초의 공룡이었어요. 이구아노돈 화석을 발견한 맨텔 박사는 이구아노돈의 복원도를 만들었는데, 그것은 최초의 공룡 복원도였습니다. 별로 정확하진 않았지만 그래도 공룡 연구에서 중요한 발전이었죠. 런던의 크리스털 팰리스 공원에는 이구아노돈 조각상이 세워져 있는데, 최초의 실물 크기 공룡 조각상입니다. 이러한 여러 가지 과감한 시도는 이구아노돈을 더욱 유명하게 만들었고, 공룡의 생김새에 대한 사람들의 관심을 불러일으켰습니다.

하드로사우르의 고향은 아시아
진타사우루스

  하드로사우르(오리주둥이공룡류) 공룡들 중에서 비교적 원시적인 편인 진타사우루스는 앞에 소개한 이구아노돈과 비슷하지만 이후의 좀 더 진화된 하드로사우르 공룡들과도 닮았습니다. 진화 단계의 과도기적인 종이었다고 볼 수 있죠. 진타사우루스는 오늘날의 중국 간쑤성에 해당하는 지역에 살았던 백악기 전기 공룡입니다. 과학자들은 이 공룡을 연구하고 나서 하드로사우르의 고향은 아시아였다는 결론을 내렸습니다.

학명: *Jintasaurus*
길이: 약 9미터
식성: 초식
시기: 백악기
지역: 중국(아시아)

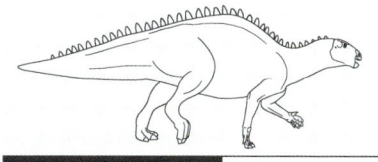

큰 가시 같은 발톱
진저우사우루스

진저우사우루스 화석은 때 신체의 각 부위가 잘 보존된 채로 발견되었습니다. 진저우사우루스는 하드로사우르 공룡들 중에서 유독 큰 편이었습니다. 그리고 앞발에는 엄지발가락처럼 생긴 커다란 발톱이 있어서 적과 싸울 때 무기로 쓰기도 했습니다. 그리고 뒷다리가 튼튼해서 정글 속을 재빠르게 이동할 수도 있었습니다.

단위: 백만 년(전)	252.17 ±0.06	~247.2	~237		201.3 ±0.2	174.1 ±1.0	163.5 ±1.0
세(Epoch)	트라이아스기 전기	트라이아스기 중기		트라이아스기 후기	쥐라기 전기	쥐라기 중기	
기(Period)			트라이아스기			쥐라기	
대(Era)							
누대(Eon)							

조반목 조각하목 | 147

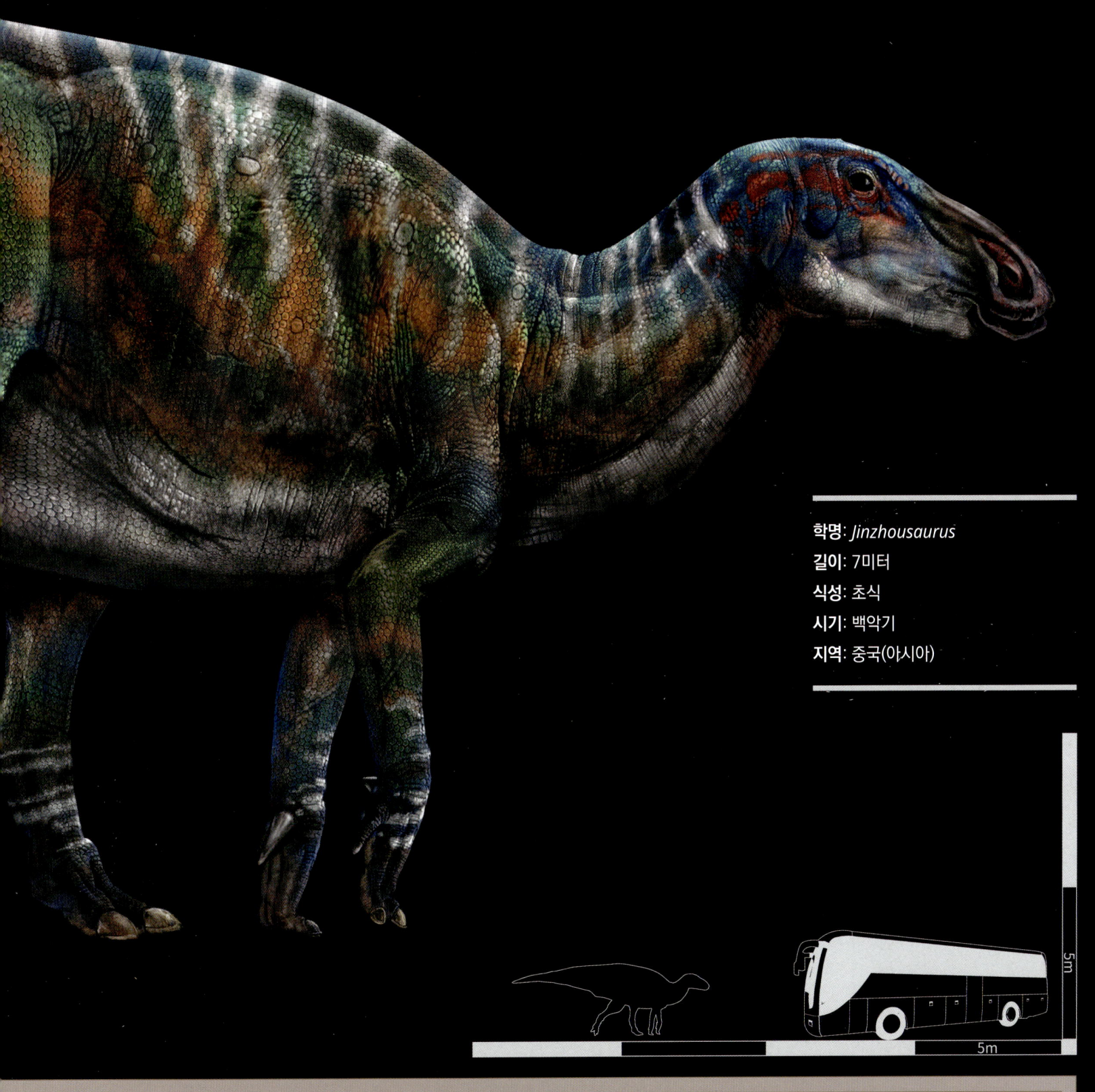

학명: *Jinzhousaurus*
길이: 7미터
식성: 초식
시기: 백악기
지역: 중국(아시아)

등에 커다란 돛이 달린
오우라노사우루스

 오우라노사우루스의 등에는 높이 솟은 벽처럼 보이는 큰 '돛'이 달려 있는데, 이 '돛'은 근육과 신경조직으로 구성되어 있었던 것으로 보입니다. 이 공룡은 어떤 점에선 오늘날의 북아메리카에 서식하는 버팔로와 비슷합니다. 과학자들은 오우라노사우루스의 돛이 체온을 조절하고 여분의 지방과 수분을 저장하는 용도로 쓰였을 것이라고 추정합니다. 물론 이 온순한 친구가 적을 점잖게 쫓아내는 데도 도움이 되었을 거예요.

단위: 백만 년(전)	252.17 ±0.06	~247.2	~237		201.3 ±0.2		174.1 ±1.0		163.5 ±1.0
세(Epoch)	트라이아스기 전기	트라이아스기 중기	트라이아스기 후기			쥐라기 전기		쥐라기 중기	
기(Period)			트라이아스기				쥐라기		
대(Era)									
누대(Eon)									

조반목 조각하목 | 149

학명: *Ouranosaurus*
길이: 7미터
식성: 초식
시기: 백악기
지역: 니제르(아프리카)

큰 코로 말해요
알티리누스

알티리누스는 아주 크고 괴상한 코를 갖고 있었어요. 어떤 과학자들은 이 큰 코가 동족들끼리 소통하기 위해 소리를 내는 도구였을 것이라고 생각합니다. 앞다리 길이가 뒷다리의 절반밖에 안 되었는데, 그래서 대체로 두 발로 걸어다녔어요. 알티리누스는 앞발의 엄지발가락이 송곳처럼 날카로웠어요. 그래서 좋아하는 과일이나 씨앗의 껍질을 깨부수는 데 유용하게 쓰였습니다.

학명: *Altirhinus*
길이: 7~8미터
식성: 초식
시기: 백악기
지역: 몽골(아시아)

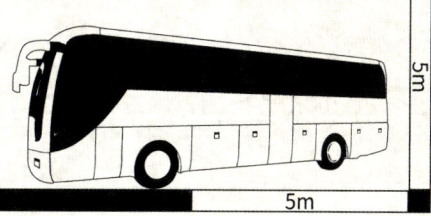

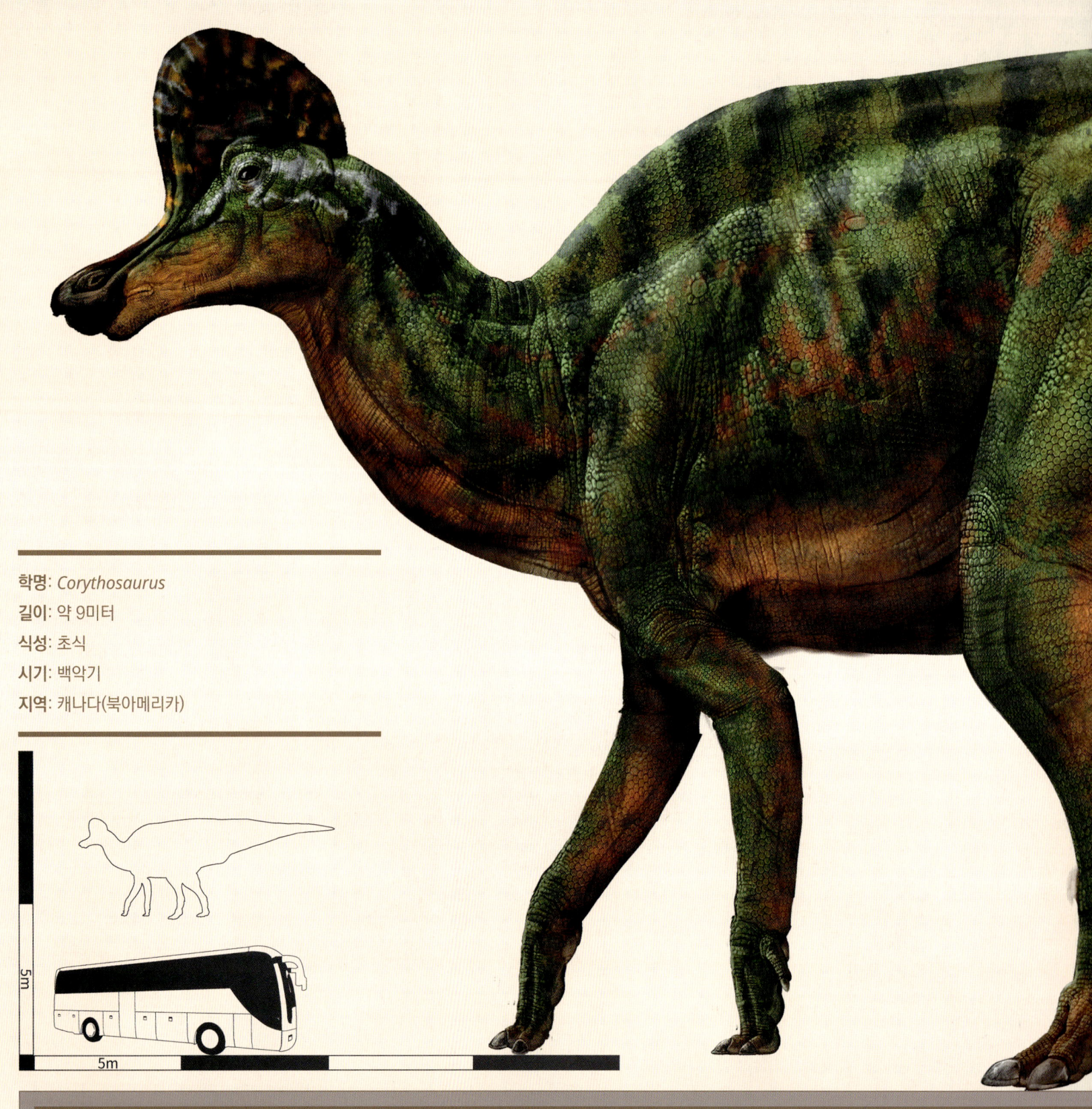

학명: *Corythosaurus*
길이: 약 9미터
식성: 초식
시기: 백악기
지역: 캐나다(북아메리카)

나이 들수록 커지는 볏
코리토사우루스

　코리토사우루스에게는 왕관처럼 아름다운 볏이 있었는데, 발견되는 화석마다 볏의 크기가 천차만별입니다. 왜 볏의 크기가 저마다 다를까요? 과학자들은 코리토사우루스가 나이를 먹을수록 볏이 커졌기 때문이라고 추측합니다. 그리고 암수에 따라서도 볏의 크기가 달랐던 것 같습니다. 코리토사우루스의 볏은 그저 아름다웠을 뿐만 아니라 소리를 내는 기능을 갖고 있었어요. 여럿이 모여 함께 소리를 내면 아마 오케스트라의 연주처럼 들렸겠지요.

학명: *Tsintaosaurus*
길이: 6~8미터
식성: 초식
시기: 백악기
지역: 중국(아시아)

'뿔'이 있다는 오해를 받은
친타오사우루스

친타오사우루스는 볏이 있는 하드로사우르 공룡입니다. 튼튼한 몸과 오리주둥이처럼 편평한 입을 갖고 있지요. 초기에 발견된 화석은 충분하지 못했기 때문에 과학자들은 몇 안 되는 화석만 조사한 후 친타오사우루스가 일종의 뿔을 갖고 있었다고 추정했습니다. 하지만 이후의 연구에서는 친타오사우루스가 하드로사우르에 속한 다른 친척들처럼 뿔이 아니라 볏을 갖고 있었다는 사실이 밝혀졌지요.

부채 같은 볏
올로로티탄

버스만 한 크기의 올로로티탄은 아주 독특한 모양의 볏을 갖고 있었습니다. 마치 장인이 만든 정교한 부채처럼 화려한 볏은 모두의 눈길을 끌기에 충분합니다. 볏에는 빈 공간이 있었는데, 과학자들은 그 빈 공간으로 공기가 흐를 때 아주 큰 소리가 났을 것이라고 추측합니다.

학명: *Olorotitan*
길이: 10~12미터
식성: 초식
시기: 백악기
지역: 러시아(유럽)

노래하는 공룡
파라사우롤로푸스

코리토사우루스와 올로로티탄은 모두 볏을 소리 내는 데 사용했지만 그리 특별한 능력은 아니었습니다. 하드로사우르 공룡들은 대부분 볏으로 소리를 낼 줄 알거든요. 하지만 하드로사우르 가문의 일원인 파라사우롤로푸스는 달랐습니다. 볏으로 정말 아름다운 음악을 만들어 낼 수 있었거든요. 파라사우롤로푸스의 볏은 속이 텅 빈 뼈로 되어 있었는데 빈 공간이 아주 길었습니다. 그 공간은 악기의 공명관 같은 역할을 해서 공기가 흐를 때 아주 아름다운 소리를 냈을 것입니다. 그 소리를 동족들만 해석할 수 있었다면 일종의 암호가 되었겠지요.

학명: *Parasaurolophus*
길이: 10미터
식성: 초식
시기: 백악기
지역: 캐나다, 미국(북아메리카)

조반목 조각하목 | 159

학명: *Shantungosaurus*
길이: 14미터
식성: 초식
시기: 백악기
지역: 중국(아시아)

조반목 조각하목 | 161

하드로사우르 가문에서 가장 큰
산퉁고사우루스

몸길이 14미터의 산퉁고사우루스는 가장 거대한 하드로사우르 공룡입니다. 나약해 보이는 공룡이지만, 육식공룡들조차 아주 절박할 때가 아니라면 굳이 산퉁고사우루스를 공격하려 들진 않아요. 산퉁고사우루스의 화석이 지혈과 감염 치료에 효능이 있다고 알려져서 그것을 채취해 약으로 쓰는 사람들도 많았다고 합니다. 현대 과학자들이 지역 주민들에게 그 돌들이 약재가 아니라 공룡 화석이라는 사실을 알려 준 덕분에 남아 있는 화석들은 보존할 수 있게 되었어요.

이빨이 가장 많은 공룡
하드로사우루스

이름을 보고 눈치챘겠지만 하드로사우루스는 하드로사우르 가문의 일원이며 덩치가 큰 편입니다. 제일 두드러지는 특징은 주둥이가 넓고 편평해서 마치 오리 부리처럼 생겼다는 점이에요. 이빨의 수가 그 어떤 공룡보다도 많아서 무려 2천 개나 됩니다. 이렇게 많은 이빨 중 하나라도 부러지면 뭔가 문제가 생기지는 않았을까요? 걱정할 필요는 없을 것 같습니다. 하드로사우루스는 이빨 하나가 부러지면 새 이빨이 금세 돋아났거든요. 치과에 갈 필요도 없었을 테니 정말 부럽군요.

학명: *Hadrosaurus*
길이: 7~10미터
식성: 초식
시기: 백악기
지역: 미국(북아메리카)

중국 최초의 공룡
만추로사우루스

만추로사우루스도 하드로사우르 공룡 중에서는 덩치가 큰 편입니다. 특히 머리가 크고 주둥이는 길고 편평해서 오리를 연상시킵니다. 몸통은 아주 건장하고 꼬리가 길죠. 앞다리가 뒷다리보다 짧은데도 다른 친척들처럼 네 발로 걸었습니다. 사실 그리 특별하진 않았지만 중국에서 처음으로 발견되었기 때문에 '중국 최초의 공룡'이라는 별명을 갖게 되었습니다.

학명: *Mandschurosaurus*
길이: 8~10미터
식성: 초식
시기: 백악기
지역: 중국(아시아)

'거대한 오리'
아나토티탄

아나토티탄은 하드로사우르에 속하지만 넓적한 주둥이가 특히 귀여워서 거대한 오리처럼 보이기도 합니다. 그림 속의 덩치 큰 오리는 무서운 육식공룡에게 쫓기고 있어요. 물어뜯기기 일보 직전이니까 더 빨리 도망쳐야만 합니다!

학명: *Anatotitan*
길이: 10~12미터
식성: 초식
시기: 백악기
지역: 캐나다, 미국(북아메리카)

168 | PNSO 어린이 백과사전 공룡의 시간

조반목 조각하목 | 169

책임감 있고 자상한 양육자
마이아사우라

따사로운 햇살이 비치는 날, 어미 마이아사우라는 새끼들을 둥지 밖으로 내보내고 뛰어놀게 했습니다. 아직 부화되지 않은 알들도 볕이 드는 곳으로 옮겼습니다. 새끼들이 알의 껍질을 더 빨리 깨고 나올 수 있기를 바라면서요. 새끼들은 신이 나서 둥지 밖으로 뛰쳐나갔습니다. 웃고 소리치며 놀고 있는 새끼들은 어떤 위험도 두려워하지 않아요. 어떤 문제가 생기든, 엄마가 즉시 달려와 구해 줄 테니까요!

학명: *Maiasaura*
길이: 9미터
식성: 초식
시기: 백악기
지역: 캐나다, 미국(북아메리카)

천 개가 넘는 이빨을 가진
에드몬토사우루스

　1, 2, 3, … 999, 1000, 1001, … 뭘 세고 있냐고요? 에드몬토사우루스의 이빨을 세는 중이에요. 이런, 이빨이 천 개가 넘는군요. 양치질을 하려면 하루도 더 걸리겠어요. 에드몬토사우루스에겐 왜 이렇게 많은 이빨이 필요했을까요? 짧은 시간 동안 아주 많은 나뭇잎을 씹어 먹어야만 살아남을 수 있었거든요. 그런 식습관 덕분에 먹이를 두고 다른 공룡들과 다툴 일은 없었을 겁니다. 어떤 동물이든 충분히 먹어야 하지요.

학명: *Edmontosaurus*
길이: 8~12미터
식성: 초식
시기: 백악기
지역: 캐나다, 미국(북아메리카)

조반목 주식두류 | 173

언제나 모자를 쓰고 있는
스테고케라스

파키케팔로사우루스의 친척뻘인 스테고케라스는 두정골이 바깥쪽으로 솟아 있어서 마치 두꺼운 모자를 쓴 것처럼 보입니다. 두정골 주변에도 띠 형태의 뼈와 작은 돌기들이 솟아 있는데 이 모두는 훌륭한 무기가 되었습니다. 스테고케라스의 두정골은 나이가 들수록 더 두꺼워지는 특성이 있었어요.

학명: *Stegoceras*
길이: 2~2.5미터
식성: 초식
시기: 백악기
지역: 캐나다, 미국(북아메리카)

마법의 공룡
드라코렉스

〈해리 포터〉 책이나 영화를 본 적 있나요? 그렇다면 호그와트 마법 학교도 기억하겠죠? 드라코렉스의 모식종 이름은 드라코렉스 호그와트시아*Dracorex hogwartsia*인데, 짐작할 수 있겠지만 〈해리 포터〉의 배경인 호그와트와 등장인물인 드레이코 말포이를 참고해서 지은 이름이에요. 여러분 같은 어린이들이 투표로 정한 이름이라고 합니다. 이름과 어울리게 정말 신비로운 모습을 하고 있어요. 머리부터가 판타지 이야기에나 나오는 괴수처럼 생겼죠. 머리와 입 쪽에 달린 수많은 뿔과 혹이 마치 왕관 같은 형태를 이루고 있어서 꼭 마법으로 만들어 낸 생명체 같아요. 물론 드라코렉스에겐 마법의 힘은 없었고, 단지 식물을 즐겨 먹는 영리한 공룡이었을 뿐입니다.

단위: 백만 년(전)	252.17 ±0.06	~247.2	~237	201.3 ±0.2	174.1 ±1.0	163.5 ±1.0
세(Epoch)	트라이아스기 전기	트라이아스기 중기		트라이아스기 후기	쥐라기 중기	
기(Period)			트라이아스기			
대(Era)						
누대(Eon)						

조반목 주식두류 | 175

학명: *Dracorex*
길이: 3~4미터
식성: 초식
시기: 백악기
지역: 미국(북아메리카)

가문의 최강자
파키케팔로사우루스

파키케팔로사우루스는 같은 과에 속한 공룡들 중에서 가장 크고 힘이 셉니다. 예쁘게 생겼다는 소리는 못 듣고 살았을 거예요. 머리와 뺨이 뿔과 돌기로 뒤덮여 있고 단단한 정수리가 솟아 있어서 울퉁불퉁하고 험상궂게 보였을 겁니다. 하지만 파키케팔로사우루스는 전혀 신경 쓰지 않아요. 이런 생김새는 체온 조절에 유리했고 그 밖의 장점도 많았으니까요. 두꺼운 투구 같은 머리는 스스로를 지키는 데 유용했고 시각, 청각, 후각도 아주 뛰어난 편이었습니다. 파키케팔로사우루스는 아주 힘센 초식공룡이어서 포식자들도 함부로 덤비지 못했어요.

학명: *Pachycephalosaurus*
길이: 4.5~6미터
식성: 초식
시기: 백악기
지역: 미국(북아메리카)

조반목 주식두류 | 177

뿔이 없는 각룡류 공룡
인롱

 각룡류로 분류되는 트리케라톱스 같은 공룡들은 대체로 뿔을 갖고 있고, 그것이 각룡류의 가장 중요한 특징입니다. 하지만 그 뿔은 어느 날 갑자기 생겨난 게 아니에요. 예를 들어, 지금까지 발견된 각룡류 중에서 제일 오래된 공룡인 인롱에겐 뿔이 없었습니다. 뿔 대신에 머리 뒤쪽으로 약간 돌출된 부분이 있었어요. 그 돌출부는 후대의 각룡류 공룡들의 특징인 프릴frill의 원시적인 형태로 생각됩니다. 프릴이란 각룡류 공룡의 머리 뒤쪽의 넓고 편평한 방패처럼 생긴 부분을 가리킵니다.

조반목 주식두류 | 179

학명: *Yinlong*
길이: 1.5미터
식성: 초식
시기: 쥐라기
지역: 중국(아시아)

북아메리카의 귀염둥이 공룡
렙토케라톱스

렙토케라톱스는 지금의 북아메리카 지역에 살았던 작고 사랑스러운 공룡입니다. 몸길이가 대략 2미터 정도였는데 같은 시대에 지구 곳곳을 활보했던 다른 거대한 공룡들과 비교하면 아주 작은 편이었지요. 귀염둥이 렙토케라톱스는 머리는 컸지만 프릴은 아주 작았어요. 한 쌍의 큰 눈과 날카로운 부리를 갖고 있어서 앵무새와 닮은 모습이었습니다. 면도날처럼 날카로운 부리로 넓적한 잎(활엽)과 가늘고 뾰족한 잎(침엽)을 잘게 쪼개어 먹을 수 있었어요. 또 그 시기에 나타나기 시작한, 즙이 많은 꽃식물들도 즐겨 먹었습니다.

학명: *Leptoceratops*
길이: 약 2미터
식성: 초식
시기: 백악기
지역: 캐나다, 미국(북아메리카)

내 알을 건드리지 마!
아르카이오케라톱스

아르카이오케라톱스의 알이 부화되기 직전입니다. 곧 새끼를 보게 될 거라는 기대감으로 가득 찬 어미는 햇볕이 더 잘 비치도록 알을 덮었던 건초를 걷어 냅니다. 하지만 그 순간 익룡 한 마리가 갑자기 날아들더니 알 하나를 낚아채고는 환희의 괴성을 지르며 도망치는 군요. 어미 아르카이오케라톱스는 절망에 빠져 어쩔 줄을 모릅니다. "내 알을 건드리지 마!" 어미는 힘껏 소리를 질러 보지만 너무 늦었습니다. 슬프게도 알이 익룡의 주둥이 안에서 깨져 버리고 말았어요.

학명: *Archaeoceratops*
길이: 1미터
식성: 초식
시기: 백악기
지역: 중국(아시아)

꼬마 앵무새처럼 앙증맞은 입을 가진
프시타코사우루스

프시타코사우루스는 각룡류에 속하지만 뿔보다는 주둥이가 돋보이는 공룡입니다. 마치 앵무새 부리처럼 생겼지요. 과학자들이 지어 준 프시타코사우루스*Psittacosaurus*라는 이름도 '앵무새 공룡'이라는 뜻입니다. 몸길이가 약 2미터에 달하는 프시타코사우루스는 주로 식물을 먹습니다. 마이아사우라처럼 다정다감하고 자상해서 새끼들을 잘 돌보지요. 그림 속의 어미 프시타코사우루스도 새끼들과 놀아 주고 있네요!

학명: *Psittacosaurus*
길이: 0.8~2미터
식성: 초식
시기: 백악기
지역: 몽골, 중국(아시아), 러시아(유럽)

조반목 주식두류 | 185

무섭도록 아름다운 뿔을 가진
시노케라톱스

몸길이가 7미터 정도인 시노케라톱스는 가장 튼튼한 초식공룡 중 하나입니다. 하지만 시노케라톱스의 비장의 무기는 덩치나 힘이 아니라 뿔이에요. 시노케라톱스는 길고 멋진 뿔을 여럿 갖고 있는데, 그중에서도 코 위에 돋아 있는 뿔은 길이가 무려 30센티미터 이상입니다. 이 커다란 뿔은 시노케라톱스를 노리는 육식공룡들에게 경고 신호를 보내는 역할을 합니다. "주의, 초대형 뿔 조심!"

조반목 주식두류 | 187

학명: *Sinoceratops*
길이: 6미터
식성: 초식
시기: 백악기
지역: 중국(아시아)

여러 개의 뿔을 가진 힘센 싸움꾼
스티라코사우루스

　스티라코사우루스는 각룡류 중에서도 뿔이 제일 많은 것이 자랑거리입니다. 이마 쪽에 아주 짧은 뿔이 2개, 코 위에 특히 길고 날카로운 뿔이 하나 달려 있지요. 그리고 머리 부분의 프릴에는 아주 날카로운 뿔이 6개나 있는데, 그중 가장 긴 것은 55센티미터나 됩니다. 프릴에는 그 외에도 작은 뿔이 아주 많이 달려 있어요. 대부분의 포식자들은 수많은 뿔을 가진 이 '검투사'를 건드릴 엄두도 내지 못했을 거예요.

단위: 백만 년(전)	252.17 ±0.06	~247.2	~237		201.3 ±0.2		174.1 ±1.0	163.5 ±1.0
세(Epoch)	트라이아스기 전기	트라이아스기 중기		트라이아스기 후기		쥐라기 전기	쥐라기 중기	
기(Period)			트라이아스기				쥐라기	
대(Era)								
누대(Eon)								

조반목 주식두류 | 189

학명: *Styracosaurus*
길이: 5.5~6미터
식성: 초식
시기: 백악기
지역: 캐나다(북아메리카)

외뿔 전사
센트로사우루스

센트로사우루스의 가장 중요한 특징은 코 위의 아주 길고 날카로운 뿔입니다. 물론 센트로사우루스에게는 그 외에도 뿔이 있었어요. 화석에 따라 조금 다르지만, 대체로 3개의 뿔을 가지고 있었지요. 트리케라톱스처럼요. 트리케라톱스와 다른 점은, 센트로사우루스의 뿔 중에서 2개는 짧고 코 위의 뿔이 유독 크다는 점이에요. 그리고 센트로사우루스 중엔 뿔이 앞쪽으로 휘어진 것도 있지만, 반대 방향으로 휘어진 것도 있었습니다. 개체마다 뿔이 조금씩 다르게 생겼지만 모양과 상관없이 언제나 강력한 무기였어요. 커다란 코 위의 뿔 때문에 센트로사우루스는 '외뿔 전사'로 알려지게 되었습니다.

학명: *Centrosaurus*
길이: 6미터
식성: 초식
시기: 백악기
지역: 캐나다(북아메리카)

머리 크기가 어른 열세 명과 맞먹는
토로사우루스

특히 거대한 각룡류 공룡인 토로사우루스는 눈 위쪽에 2개의 긴 뿔이, 코 위에 짧은 뿔이 하나 달려 있습니다. 첫 번째로 꼽을 수 있는 특징은 무엇보다도 그 커다란 머리입니다. 머리 부분의 길이가 2.6미터나 되는데, 어른 열세 명의 머리를 합친 것과 비슷합니다. 정말 크죠? 큰 머리만으로도 충분해서인지 프릴에는 별다른 장식이 없어요. 각룡류의 다른 친척들과 비교하면 말이죠. 토로사우루스는 양치식물, 침엽수, 소철 등 아주 다양한 식물을 먹이로 삼았습니다.

학명: *Torosaurus*
길이: 약 8미터
식성: 초식
시기: 백악기
지역: 미국(북아메리카)

각룡류의 슈퍼스타
트리케라톱스

엄청난 힘을 가진 트리케라톱스는 가장 유명한 각룡류 공룡입니다. 상당히 큰 공룡이어서 몸길이는 약 9미터, 키는 3미터, 몸무게는 6톤에 가깝습니다. 눈 위쪽에 달린 길이 1미터 이상의 뿔 2개와 튼튼한 프릴은 격렬한 싸움에서 아주 강력한 무기가 되었습니다. 트리케라톱스는 특히 방어 능력이 뛰어났기 때문에 티라노사우루스 렉스에게도 그리 쉽지 않은 상대였습니다. 하지만 이런 트리케라톱스에게도 귀여운 구석이 있습니다. 코 위의 작고 귀여운 뿔 좀 보세요!

학명: *Triceratops*
길이: 7.9~9미터
식성: 초식
시기: 백악기
지역: 미국(북아메리카)

조반목 장순아목 | 197

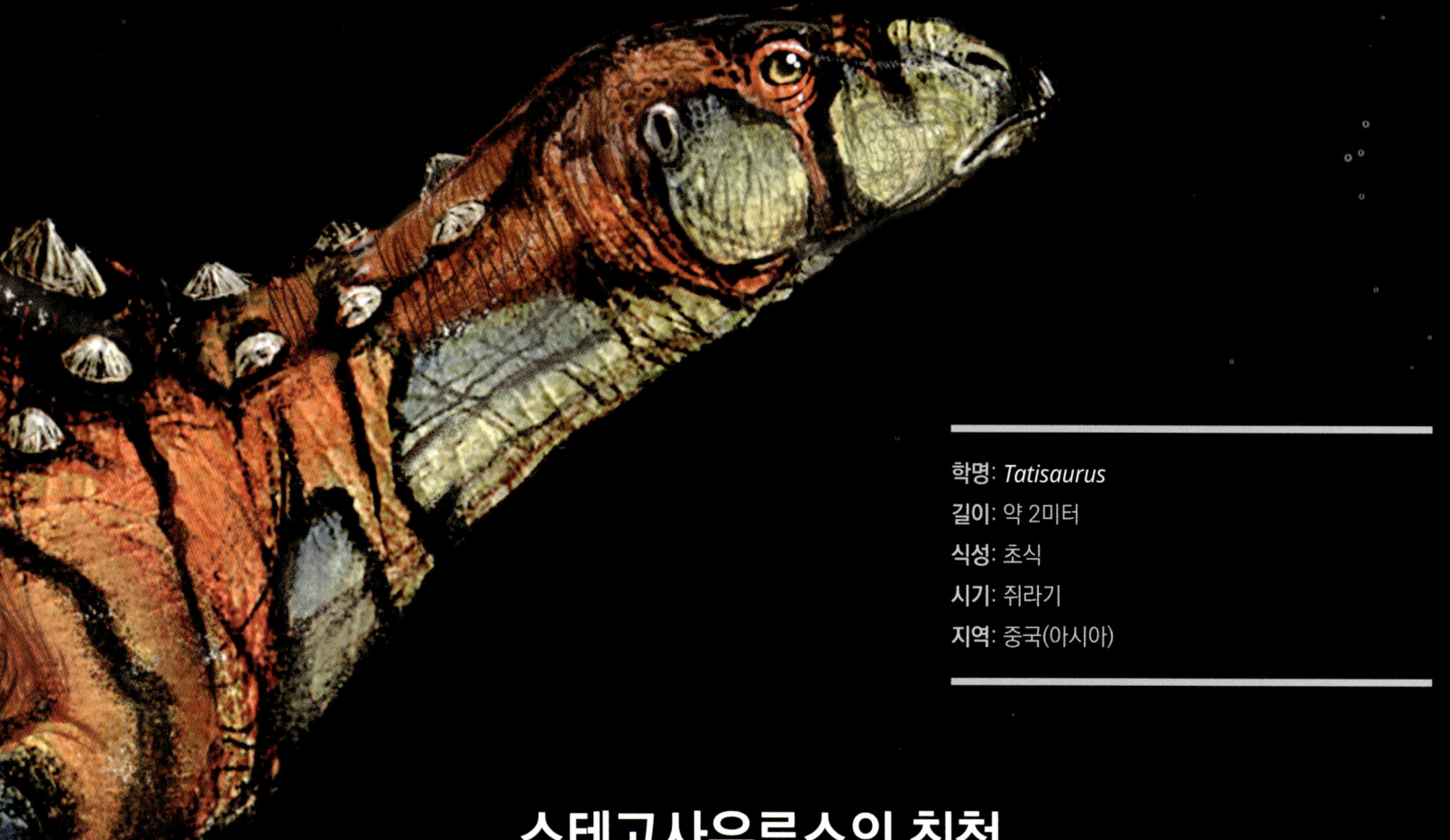

학명: *Tatisaurus*
길이: 약 2미터
식성: 초식
시기: 쥐라기
지역: 중국(아시아)

스테고사우루스의 친척
타티사우루스

　타티사우루스는 스테고사우루스와 같은 조상을 가진 친척뻘 공룡이지만, 종족의 자랑인 골판이나 골침이 없어요. 등 쪽에 골판이라고 부르기엔 너무 작은 혹들이 나 있긴 합니다. 타티사우루스는 스테고사우루스 같은 검룡류를 포함하는 장순아목의 초기 형태를 보여 주는 중요한 공룡이에요. 스테고사우루스처럼 힘센 검룡류 공룡도 타티사우루스 같은 선구자가 없었다면 지구상에 출현하지 못했을 겁니다. 타티사우루스의 후손인 검룡류 공룡들은 강력한 방어 무기인 골판과 골침을 발달시켜서 무서운 육식공룡들에게 맞서게 됩니다.

가장 많은 골판을 자랑했던
후아양고사우루스

스테고사우루스를 비롯한 검룡류 공룡들은 등 쪽에 솟은 칼날 같은 골판으로 유명합니다. 그중에서도 후아양고사우루스는 골판이 가장 많은 공룡이지요. 등에 무려 32개의 골판이 질서 정연하게 배열되어 있습니다. 그뿐만 아니라 어깨에는 창끝처럼 뾰족한 2개의 골침이 있어서 어깨와 목을 보호할 수 있습니다. 후아양고사우루스는 그리 큰 공룡은 아니지만, 이런 강력한 무기 덕분에 가소사우루스 같은 대형 포식자들도 손쉽게 물리칠 수 있었어요.

조반목 장순아목 | 199

학명: *Huayangosaurus*
길이: 4.5미터
식성: 초식
시기: 쥐라기
지역: 중국(아시아)

특이한 골판을 가진
켄트로사우루스

검룡류에 속하는 켄트로사우루스는 몸길이가 5미터 정도인데 목이 길고 가는 편이고 앞다리는 뒷다리보다는 짧지만 아주 튼튼합니다. 등에 있는 골판이 특이한 편이에요. 앞부분에 붙은 골판은 편평한 삼각형인데 뒷부분으로 갈수록 골판이 뾰족하고 꼬리 쪽엔 골침이 붙어 있거든요. 이런 골판들은 포식자와 싸우는 용도보다는 겁을 줘서 쫓아내는 데 어울릴지도 모릅니다. 하지만 꼬리 끝의 골침은 실전에서도 치명적인 무기였을 거예요.

학명: *Kentrosaurus*
길이: 5미터
식성: 초식
시기: 쥐라기
지역: 탄자니아(아프리카)

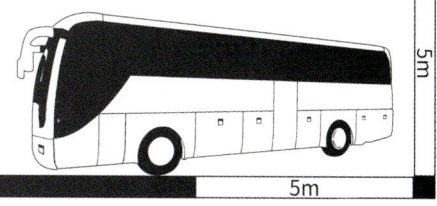

목이 길어 멋진
미라가이아

검룡류 공룡들은 대체로 목이 짧지만 미라가이아는 예외입니다. 몸길이는 6미터가 채 안 되는데 목의 길이는 1.8미터가 넘거든요. 비율로 따지면 몇몇 용각류 공룡보다도 목이 긴 편입니다. 목이 길면 좋은 점이 많아요. 미라가이아는 좀 더 멀리 볼 수 있었고, 나무 꼭대기에 매달린 나뭇잎도 우걱우걱 씹어 먹을 수 있었습니다.

조반목 장순아목 | 203

학명: *Miragaia*
길이: 5.5~6미터
식성: 초식
시기: 쥐라기
지역: 포르투갈(유럽)

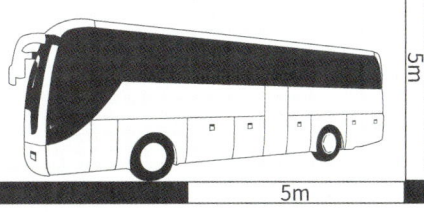

내 어깨 위의 장검 안 보여?
기간트스피노사우루스

위엄 있는 장군들은 허리에 장검을 차고 전투를 지휘합니다. 하지만 기간트스피노사우루스는 장검이 어깨에 달려 있어요. 포악한 육식공룡 양추아노사우루스와 맞닥뜨려 전투가 벌어질 때, 어깨의 장검 덕분에 기간트스피노사우루스는 용맹한 장군처럼 보였을 거예요. 그림 속의 기간트스피노사우루스는 그 칼날로 양추아노사우루스의 살을 찢고 있습니다. 포식자의 끔찍한 비명소리가 들려오는 것 같네요.

물론 그 '장검'은 실제로는 쇠로 만든 칼이 아니라 어깨에 달린 커다란 골침이에요. 기간트스피노사우루스에겐 그 외에도 등을 뒤덮은 골판과 꼬리 쪽의 골침이 있었고, 그 모든 것을 사용해서 적을 무자비하게 응징했습니다.

학명: *Gigantspinosaurus*
길이: 5.4미터
식성: 초식
시기: 쥐라기
지역: 중국(아시아)

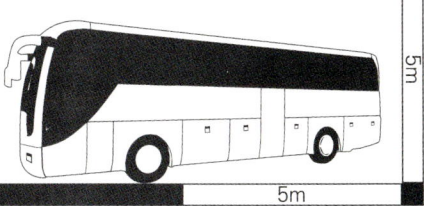

하늘을 향해 솟은 어깨 위의 쌍검
투오지앙고사우루스

어깨에 커다란 골침이 달린 친구가 또 있어요. 하늘을 향해 솟아 있는 투오지앙고사우루스의 골침은 기간트스피노사우루스의 것보다도 더 무시무시해 보입니다. 이 골침에 찔린 운 나쁜 공룡이 얼마나 아팠을지 상상해 보려니까 정말 끔찍하네요. 기간트스피노사우루스보다 훨씬 더 큰 덩치에 튼튼한 4개의 다리를 갖고 있었던 투오지앙고사우루스는 키가 비교적 작은 식물을 즐겨 먹었습니다.

조반목 장순아목 | 207

학명: *Tuojiangosaurus*
길이: 7.5미터
식성: 초식
시기: 쥐라기
지역: 중국(아시아)

장난감 블록 같은 골판을 가진
우에르호사우루스

검룡류 공룡들의 등에 있는 골판은 조금씩 달랐습니다. 그림 속의 우에르호사우루스를 보세요. 스테고사우루스의 골판은 마름모꼴이었고 켄트로사우루스는 뾰족한 골판을 갖고 있었는데, 우에르호사우루스의 골판은 네모난 모양입니다. 이 공룡의 등에 누군가 장난감 블록을 올려 둔 것 같지 않나요?

학명: *Wuerhosaurus*
길이: 4.5~7미터
식성: 초식
시기: 백악기
지역: 중국(아시아)

검룡류를 대표하는
스테고사우루스

여러분은 지금 세상에서 제일 괴상한 공룡을 보고 있을 겁니다. 등에는 마름모 꼴의 골판이 17개나 달려 있고, 꼬리 끝에는 창날 같은 4개의 골침이 박혀 있지요. 이들이 걸어갈 때면 그 육중한 발을 내디딜 때마다 지축이 울립니다. 지금은 무엇을 하는 중일까요? 신선한 나뭇잎을 먹기 위해 움직이고 있는 것 같네요. 하하, 겉모습만 보고 너무 겁먹을 필요는 없어요. 스테고사우루스라는 이름을 가진 이 공룡은 보기와는 달리 온순한 초식공룡이니까요. 버릇없는 익룡 한 마리가 날아다니다 지쳤는지 허락도 없이 등 위에 올라탔지만 점잖은 스테고사우루스는 신경 쓰지 않습니다. 여느 때라면 스테고사우루스는 먼저 공격하는 일이 없습니다. 골판과 골침도 그저 방어 도구로 사용할 뿐이지요.

학명: *Stegosaurus*
길이: 7~9미터
식성: 초식
시기: 쥐라기
지역: 미국(북아메리카)

조반목 장순아목 | 211

학명: *Polacanthus*
길이: 4~5미터
식성: 초식
시기: 백악기
지역: 영국(유럽)

거대한 고슴도치 같은 폴라칸투스

몸길이가 4~5미터인 폴라칸투스는 온몸이 골침으로 뒤덮여 있어서 거대한 고슴도치를 연상시킵니다. 엉덩이 부분은 커다란 방패같이 생긴 편평한 골판으로 덮여 있고, 목부터 꼬리까지는 날카로운 골침들이 두 줄로 박혀 있습니다. 적을 만났을 때 폴라칸투스는 상대를 침착하게 지켜보다가 반격하는 데 쓸 무기를 고릅니다. 무기가 너무 많아서 어느 하나를 선택하기가 쉽지 않겠군요.

학명: *Sauropelta*
길이: 약 5미터
식성: 초식
시기: 백악기
지역: 미국(북아메리카)

단위: 백만 년(전)	252.17 ±0.06	~247.2	~237	201.3 ±0.2	174.1 ±1.0	163.5 ±1.0
세(Epoch)	트라이아스기 전기	트라이아스기 중기	트라이아스기 후기	쥐라기 전기	쥐라기 중기	
기(Period)			트라이아스기		쥐라기	
대(Era)						
누대(Eon)						

아주아주 긴 꼬리를 가진
사우로펠타

사우로펠타는 곡룡류 공룡 중 하나입니다. 그래서 안킬로사우루스를 비롯한 곡룡류의 공통된 특징을 갖고 있습니다. 목과 등, 배에는 가볍지만 단단한 골편이 촘촘히 박혀 있고, 어깨 쪽엔 거대한 골침이 솟아 있습니다. 이런 무기들 덕분에 사우로펠타는 적의 공격을 막아 낼 뿐만 아니라 선제공격을 할 때도 있었지요. 친척뻘 공룡들과는 구분되는 자기만의 특징도 한 가지 있습니다. 꼬리가 아주아주 길고 단단하다는 것이지요. 적과 마주치면 꼬리를 높이 쳐든 후에 앞뒤로 흔들어 겁을 주고 쫓아내곤 했습니다.

216 | PNSO 어린이 백과사전 공룡의 시간

1m

호주의 중무장 전사
쿤바라사우루스

  1억 1500만 년 전 오늘날의 호주에 해당하는 곳에서, 놀랄 만큼 화창한 어느 날 몸길이 2미터의 쿤바라사우루스가 한가롭게 평원을 거닐고 있습니다. 맛있는 양치식물을 찾아서 배를 채워야 하거든요. 어떤 육식공룡이 공격해 온다고 해도 두려울 게 없습니다. 등 부분이 온통 단단한 골편과 날카로운 골침으로 가득 차 있으니까요. 이 험상궂은 친구를 감히 누가 건드리겠어요!

학명: *Kunbarrasaurus*
길이: 약 2미터
식성: 초식
시기: 백악기
지역: 호주(오세아니아)

가장 완벽한 갑옷을 자랑하는
사이카니아

곡룡류에 속하는 공룡들에게는 단단한 갑옷이 있는데, 사이카니아는 그중에서도 가장 완벽한 갑옷을 갖고 있습니다. 사이카니아Saichania라는 이름은 '아름다운 화석'이라는 뜻입니다. 화석이 처음 발견되었을 때 골격의 거의 모든 부분이 보존되어 있었다고 하네요. 화석을 찾고 이름을 지은 과학자가 기분이 좋았던 모양입니다. 사이카니아는 갑옷이 완벽하기로도 유명합니다. 머리, 등, 엉덩이, 꼬리, 다리를 모두 감싸고 있으니까요. 어느 곳 하나 약점을 찾기가 어려울 지경입니다. 곡룡류로 분류되는 다른 공룡들도 사이카니아의 갑옷만은 부러워했을 것 같아요.

학명: *Saichania*
길이: 약 7미터
식성: 초식
시기: 백악기
지역: 몽골(아시아)

코에 뿔이 달린
종위안사우루스

 백악기에 살았던 안킬로사우루스과 공룡 종위안사우루스는 머리부터 꼬리까지 온몸이 수많은 골편으로 덮여 있었습니다. 골편들은 크기가 제각기 달랐고 모양도 네모난 것, 속이 빈 원뿔, 반원 형태 등등 다양했지요. 과학자들은 종위안사우루스의 코뼈 화석 옆에서 22.5센티미터의 긴 막대 같은 뼈를 발견했고, 그것이 종위안사우루스의 코에 뼈가 있었음을 나타내는 증거라고 생각했습니다. 그것이 사실이라면 코의 뿔은 갑옷과 함께 포식자의 공격을 막아내는 도구로 쓰였을 것입니다. 하지만 종위안사우루스의 코에는 뿔이 없었다고 주장하는 과학자도 있습니다.

조반목 장순아목 | 221

학명: *Zhongyuansaurus*
길이: 5미터
식성: 초식
시기: 백악기
지역: 중국(아시아)

갑옷 입은 초식공룡
안킬로사우루스

"이봐, 도망치지 마. 난 그냥 여기 있는 나뭇잎을 먹으려던 것뿐이야!" 안킬로사우루스가 상대를 안심시키려고 애씁니다. 하지만 작은 도마뱀을 사냥하던 육식공룡은 육중하고 험상궂은 모습의 안킬로사우루스를 보자마자 깜짝 놀라서 부리나케 달아나 버립니다.

이 작은 육식공룡을 겁쟁이라고 비난할 수는 없습니다. 안킬로사우루스는 틀림없이 초식공룡이지만 온몸에 갑옷을 두르고 있고 꼬리 끝에는 보기만 해도 섬뜩한 곤봉이 달려 있으니까요. 안킬로사우루스가 휘두른 곤봉에 맞은 티라노사우루스 렉스의 다리가 부러져 버리는 일도 있었습니다. 그래서 그 누구도 안킬로사우루스를 우습게 볼 수는 없었어요.

학명: *Ankylosaurus*
길이: 약 7미터
식성: 초식
시기: 백악기
지역: 미국(북아메리카)

찾아보기

ㄱ

가소사우루스*Gasosaurus* / 045
가스파리니사우라*Gasparinisaura* / 079
구안롱*Guanlong* / 056
기가노토사우루스*Giganotosaurus* / 054
기간토랍토르*Gigantoraptor* / 101
기간트스피노사우루스*Gigantspinosaurus* / 205

ㄷ

다시아티탄*Daxiatitan* / 131
데이노니쿠스*Deinonychus* / 080
동양고사우루스*Dongyangosaurus* / 128
드라코렉스*Dracorex* / 174
드로마이오사우로이데스*Dromaeosauroides* / 093
드로마이오사우루스*Dromaeosaurus* / 095
드리오사우루스*Dryosaurus* / 140
디플로도쿠스*Diplodocus* / 112
딜로포사우루스*Dilophosaurus* / 035
딜롱*Dilong* / 059

ㄹ

라자사우루스*Rajasaurus* / 042
렙토케라톱스*Leptoceratops* / 180
루안추안랍토르*Luanchuanraptor* / 088
루펜고사우루스*Lufengosaurus* / 107

ㅁ

마멘키사우루스*Mamenchisaurus* / 120
마이아사우라*Maiasaura* / 169
마준가사우루스*Majungasaurus* / 038
만추로사우루스*Mandschurosaurus* / 164
메갈로사우루스*Megalosaurus* / 030

모노니쿠스*Mononykus* / 072
모놀로포사우루스*Monolophosaurus* / 024
미라가이아*Miragaia* / 202
미크로랍토르*Microraptor* / 077

ㅂ

베이피아오사우루스*Beipiaosaurus* / 068
벨로키랍토르*Velociraptor* / 084
부이트레랍토르*Buitreraptor* / 079

ㅅ

사우로펠타*Sauropelta* / 215
사우로포세이돈*Sauroposeidon* / 117
사이카니아*Saichania* / 219
산퉁고사우루스*Shantungosaurus* / 161
센트로사우루스*Centrosaurus* / 190
슈노사우루스*Shunosaurus* / 124
스제추아노사우루스*Szechuanosaurus* / 048
스테고사우루스*Stegosaurus* / 210
스테고케라스*Stegoceras* / 173
스티라코사우루스*Styracosaurus* / 188
스피노사우루스*Spinosaurus* / 028
시노르니토사우루스*Sinornithosaurus* / 086
시노사우롭테릭스*Sinosauropteryx* / 067
시노칼리옵테릭스*Sinocalliopteryx* / 065
시노케라톱스*Sinoceratops* / 186

ㅇ

아나토티탄*Anatotitan* / 167
아르겐티노사우루스*Argentinosaurus* / 134
아르카이오르니토미무스*Archaeornithomimus* / 070
아르카이오케라톱스*Archaeoceratops* / 182

아벨리사우루스*Abelisaurus* / 041
아우스트랄로베나토르*Australovenator* / 053
안킬로사우루스*Ankylosaurus* / 223
알로사우루스*Allosaurus* / 046
알티리누스*Altirhinus* / 151
암펠로사우루스*Ampelosaurus* / 127
암피코일리아스*Amphicoelias* / 110
양추아노사우루스*Yangchuanosaurus* / 050
에드몬토사우루스*Edmontosaurus* / 170
에우로파사우루스*Europasaurus* / 114
에우헬로푸스*Euhelopus* / 118
에피덱시프테릭스*Epidexipteryx* / 104
에피덴드로사우루스*Epidendrosaurus* / 103
오메이사우루스*Omeisaurus* / 122
오비랍토르*Oviraptor* / 096
오우라노사우루스*Ouranosaurus* / 148
올로로티탄*Olorotitan* / 157
우에르호사우루스*Wuerhosaurus* / 209
유타랍토르*Utahraptor* / 083
이구아노돈*Iguanodon* / 143
이리타토르*Irritator* / 027
인롱*Yinlong* / 178

ㅈ

종위안사우루스*Zhongyuansaurus* / 220
진저우사우루스*Jinzhousaurus* / 146
진타사우루스*Jintasaurus* / 145

ㅊ

친타오사우루스*Tsintaosaurus* / 155

ㅋ

카우딥테릭스*Caudipteryx* / 098
켄트로사우루스*Kentrosaurus* / 201
코리토사우루스*Corythosaurus* / 153
코일로피시스*Coelophysis* / 037
콤프소그나투스*Compsognathus* / 062
쿤바라사우루스*Kunbarrasaurus* / 217

ㅌ

타티사우루스*Tatisaurus* / 197
토로사우루스*Torosaurus* / 193
투오지앙고사우루스*Tuojiangosaurus* / 206
트리케라톱스*Triceratops* / 194
티라노사우루스 렉스*Tyrannosaurus rex* / 061
티안유랍토르*Tianyuraptor* / 090

ㅍ

파라사우롤로푸스*Parasaurolophus* / 158
파키케팔로사우루스*Pachycephalosaurus* / 176
폴라칸투스*Polacanthus* / 213
프시타코사우루스*Psittacosaurus* / 184
플라테오사우루스*Plateosaurus* / 109

ㅎ

하드로사우루스*Hadrosaurus* / 163
헤레라사우루스*Herrerasaurus* / 033
헤스페로니쿠스*Hesperonychus* / 074
후아양고사우루스*Huayangosaurus* / 198
후앙허티탄*Huanghetitan* / 132

참고문헌

1, Zhao, Xi-Jin; Currie, Philip J. (2010)."A large crested theropod from the Jurassic of Xinjiang, People's Republic of China". *Canadian Journal of Earth Sciences*. 1993, 30: 2027–2036.

2, Zhao, Xijin; Benson, Roger B. J.; Brusatte, Stephen L.; Currie, Philip J. (2010)."The postcranial skeleton of *Monolophosaurus jiangi* (Dinosauria: Theropoda) from the Middle Jurassic of Xinjiang, China, and a review of Middle Jurassic Chinese theropods". *Geological Magazine*, 147 (1): 13–27.

3, Buffetaut, E.; Ouaja, M. (2002)."A new specimen of *Spinosaurus* (Dinosauria, Theropoda) from the Lower Cretaceous of Tunisia, with remarks on the evolutionary history of the Spinosauridae". *Bulletin de la Société Géologique de France*, 173 (5): 415.

4, Sereno, P.C.; Beck, A.L.; Dutheil, D.B.; Gado, B.; Larsson, H.C.E.; Lyon, G.H.; Marcot, J.D.; Rauhut, O.W.M.; Sadleir, R.W.; Sidor, C.A.; Varricchio, D.D.; Wilson, G.P; and Wilson, J.A.(1998). "A long-snouted predatory dinosaur from Africa and the evolution of spinosaurids". *Science*, 282: 1298–1302.

5, Sereno, P.C.; Dutheil, D.B.; Larochene, M.; Larsson, H.C.E.; Lyon, G.H.; Magwene, P.M.; Sidor, C.A.; Varricchio, D.J.; and Wilson, J.A.(1996). "Predatory dinosaurs from the Sahara and Late Cretaceous faunal differentiation". *Science*, 272 (5264): 986–991.

6, Smith, J.B.; Lamanna, M.C.; Lacovara, K.J.; Dodson, P.; Smith, J.R.; Poole, J.C.; Giegengack, R.; and Attia, Y.(2001). "A giant sauropod dinosaur from an Upper Cretaceous mangrove deposit in Egypt". *Science*, 292 (5522): 1704–1706.

7, Galton, P. M. (1985). "The poposaurid thecodontian *Teratosaurus suevicus* von Meyer, plus referred specimens mostly based on prosauropod dinosaurs". *Stuttgarter Beitrage zur Naturkunde*, B, 116: 1-29.

8, Sereno, P.C.; and Novas, F.E. (1992)."The complete skull and skeleton of an early dinosaur". *Science*, 258 (5085): 1137–1140.

9, Nesbitt, S. J.; Smith, N. D.; Irmis, R. B.; Turner, A. H.; Downs, A. & Norell, M. A.(2009). "A complete skeleton of a Late Triassic saurischian and the early evolution of dinosaurs". *Science*, 326 (5959): 1530–1533.

10, Ezcurra, M.D. (2010)."A new early dinosaur (Saurischia: Sauropodomorpha) from the Late Triassic of Argentina: a reassessment of dinosaur origin and phylogeny". *Journal of Systematic Palaeontology*, 8 (3): 371–425.

11, Welles, S. P.(1954). " New Jurassic dinosaur from the Kayenta formation of Arizona". *Bulletin of the Geological Society of America*, 65: 591–598.

12, Nesbitt, S.J., Turner, A.H., Erickson, G.M., and Norell, M.A. (2006). "Prey choice and cannibalistic behaviour in the theropod *Coelophys*." *Biology Letters*.

13, Agnolin, F.L. and Chiarelli, P. (2010). "The position of the claws in Noasauridae (Dinosauria: Abelisauroidea) and its implications for abelisauroid manus evolution." *Paläontologische Zeitschrift*.

14, Sues, Hans-Dieter; & Taquet, Phillipe. (1979). "A pachycephalosaurid dinosaur from Madagascar and a Laurasia–Gondwanaland connection in the Cretaceous". *Nature*, 279 (5714): 633–635.

15, Makovicky, Peter J.; Apesteguía, Sebastian; & Agnolín, Federico L.(2005). "The earliest dromaeosaurid theropod from South America. Nature", 437 (7061): 1007–1011.

16, Sereno, P.C., Wilson, J.A., & Conrad, J.L. (2004). "New dinosaurs link southern landmasses in the Mid-Cretaceous". *Proceedings of the Royal Society of London: Biological Sciences*, 271: 1325–1330.

17, Sharma, N., Kar, R.K., Agarwal, A. and Kar, R. (2005). "Fungi in dinosaurian (*Isisaurus*) coprolites from the Lameta Formation (Maastrichtian) and its reflection on food habit and environment." *Micropaleontology*, 51(1): 73-82.

18, Dong and Tang, (1985). "A new Mid-Jurasic theropod (*Gasosaurus constructus* gen et sp. nov.) from Dashanpu, Zigong, Sichuan Province, China". *Vertebrata PalAsiatica*,23(1), 77-82.

19, Chure, Daniel J.; and Madsen, James H. (1996). "On the presence of furculae in some non-maniraptoran theropods". *Journal of Vertebrate Paleontology*, 16: 573–577.

20, Peng, G.Z., Ye, Y., Gao, Y.H., Shu, C.K., Jiang, S. (2005). "Jurassic dinosaur faunas in Zigong". *Sichuan People's Publishing House*, 236

21, Carrano, M. T.; Benson, R. B. J.; Sampson, S. D. (2012). "The phylogeny of Tetanurae (Dinosauria: Theropoda)". *Journal of Systematic Palaeontology*, 10 (2): 211.

22, Dong, Zhiming; Zhang, Yihong; Li, Xuanmin; Zhou, Shiwu. (1978). "A new carnosaur from Yongchuan County, Sichuan Province". *Chinese Science Bulletin*, 23 (5): 302–04.

23, Hocknull, Scott A.; White, Matt A.; Tischler, Travis R.; Cook, Alex G.; Calleja, Naomi D.; Sloan, Trish; and Elliott, David A. (2009). "New mid-Cretaceous (latest Albian) dinosaurs from Winton, Queensland, Australia". *PLoS ONE*, 4 (7).

24, White, M. A.; Cook, A. G.; Hocknull, S. A.; Sloan, T.; Sinapius, G. H. K.; Elliott, D. A. (2012). "New Forearm Elements Discovered of Holotype Specimen *Australovenator wintonensis* from Winton, Queensland, Australia". *PLoS ONE*,7 (6): e39364.

25, Coria RA & Salgado L. (1995). "A new giant carnivorous dinosaur from the Cretaceous of Patagonia". *Nature*,377: 225–226.

26, Seebacher, F. (2001). "A new method to calculate allometric length-mass relationships of dinosaurs". *Journal of Vertebrate Paleontology*, 21(1): 51–60.

27, Xu X., Clark, J.M., Forster, C. A., Norell, M.A., Erickson, G.M., Eberth, D.A., Jia, C., and Zhao, Q. (2006). " A basal tyrannosauroid dinosaur from the Late Jurassic of China". *Nature*,439: 715–718.

28, Xu, X., Norell, M. A., Kuang, X., Wang, X., Zhao, Q., Jia, C. (2004). "Basal tyrannosauroids from China and evidence for protofeathers in tyrannosauroids". *Nature*, 431: 680–684.

29, Turner, A.H., Pol, D., Clarke, J.A., Erickson, G.M., and Norell, M. (2007). "Supporting online material for: A basal dromaeosaurid and size evolution preceding avian flight". *Science*, 317: 1378-1381.

30, Ji, Q.; Currie, P.J.; Norell, M.A.; Ji, S. (1998). "Two feathered dinosaurs from northeastern China" . *Nature*, 393(6687): 753–761.

31, Brusatte, S. L.; Norell, M. A.; Carr, T. D.; Erickson, G. M.; Hutchinson, J. R.; Balanoff, A. M.; Bever, G. S.; Choiniere, J. N. et al. (2010). "Tyrannosaur paleobiology: new research on ancient exemplar organisms". *Science*, 329 (5998): 1481–1485.

32, Therrien, F.; Henderson, D.M.(2007) ."My theropod is bigger than yours...or not: estimating body size from skull length in theropods". *Journal of Vertebrate Paleontology*, 27 (1): 108–115.

33, Seebacher, F. (2001). "A new method to calculate allometric length-mass relationships of dinosaurs". *Journal of Vertebrate Paleontology*, 21 (1): 51–60.

34, Xu, Xing.(2006). "Palaeontology: Scales, feathers and dinosaurs". *Nature*, 440

35, Butler, R.J., and Upchurch, P. (2007). "Highly incomplete taxa and the phylogenetic relationships of the theropod dinosaur *Juravenator starki*." *Journal of Vertebrate Paleontology*, 27(1): 253–256.

36, Hwang, S.H.; M. A. Norell, J. Qiang and G. Keqin. (2004). "A large compsognathid from the Early Cretaceous Yixian Formation of China". *Journal of Systematic Paleontology*, 2: 13–39.

37, Ji, S., Ji, Q., Lu J., and Yuan, C. (2007). "A new giant compsognathid dinosaur with long filamentous integuments from Lower Cretaceous of Northeastern China." *Acta Geologica Sinica*, 81(1): 8-15.

38, Zhou, Z. (2006). "Evolutionary radiation of the Jehol Biota: chronological and ecological perspectives." *Geological Journal*, 41: 377-393.

39, Xu, X., Tang, Z-L., and Wang, X-L. (1999). "A therizinosauroid dinosaur with integumentary structures from China." *Nature*, 399: 350-354.

40, Suzuki, S., Chiappe, L.M., Dyke, G.J., Watabe, M., Barsbold, R., and Tsogtbaatar, K. (2002). "A new specimen of *Shuvuuia deserti* Chiappe et al., 1998 from the Mongolian Late Cretaceous with a discussion of the relationships of alvarezsaurids to other theropod dinosaurs." *Contributions in Science*, 494: 1-18.

41, Chiappe, L.M., Norell, M. and Clark (1998) ."The skull of a relative of the stem-group bird *Mononykus*." *Nature*, 392: 275-278.

42, Schweitzer, M.H., J.A. Watt, R. Avci, L. Knapp, L. Chiappe, M. Norell & M. Marshall. (1999) ."Beta-keratin specific immunological reactivity in feather-like structures of the Cretaceous alvarezsaurid, *Shuvuuia deserti*." *Journal of Experimental Zoology* (Mol Dev Evol), 285: 146-157.

43, Longrich, N.R. and Currie, P.J. (2009). "A microraptorine (Dinosauria–Dromaeosauridae) from the Late Cretaceous of North America." *Proceedings of the National Academy of Sciences*.

44, Chatterjee, S., and Templin, R.J. (2007). "Biplane wing planform and flight performance of the feathered dinosaur *Microraptor gui*." *Proceedings of the National Academy of Sciences*, 104(5): 1576-1580.

45, Senter, P., Barsold, R., Britt, B.B., and Burnham, D.A. (2004). "Systematics and evolution of Dromaeosauridae (Dinosauria, Theropoda)." *Bulletin of the Gunma Museum of Natural History*, 8: 1-20.

46, Xu, X., Zhou, Z., Wang, X., Kuang, X., Zhang, F. and Du, X. (2003)."Four-winged dinosaurs from China." *Nature*, 421(6921): 335-340.

47, Hone, D.W.E., Tischlinger, H., Xu, X. and Zhang, F. (2010). "The extent of the preserved feathers on the four-winged dinosaur *Microraptor gui* under ultraviolet light." *PLoS ONE*, 5(2): e9223.

48, Turner, Alan H.; Pol, Diego; Clarke, Julia A.; Erickson, Gregory M.; and Norell, Mark.. (2007). "A basal dromaeosaurid and size evolution preceding avian flight." *Science*, 317: 1378-1381.

49, Makovicky, Peter J.; Apesteguía, Sebastián; Agnolín, Federico L. (2005). "The earliest dromaeosaurid theropod from South America". *Nature*, 437: 1007–1011.

50, Gianechini, F.A.; Makovicky, P.J, Apesteguía, S. (2011). "The teeth of the unenlagiine theropod *Buitreraptor* from the Cretaceous of Patagonia, Argentina, and the unusual dentition of the Gondwanan dromaeosaurids". *Acta Palaeontologica Polonica*, 56 (2): 279–290.

51, Hu, D.; Hou, L.; Zhang, L. & Xu, X., (2009) ."A pre-*Archaeopteryx* troodontid theropod from China with long feathers on the metatarsus". *Nature*, 461 (7264): 640–643.

52, Coria, R. A., and L. Salgado. (1996). "A basal iguanodontian (Ornithischia: Ornithopoda) from the Late Cretaceous of South America". *Journal of Vertebrate Paleontology* ,16: 445–457

53, Salgado, L., Coria, R.A., and Heredia, S, (1997). "New materials of *Gasparinisaura cincosaltensis* (Ornithischia: Ornithopoda) from the Upper Cretaceous of Argentina", *Journal of Paleontology*, 71: 933–940.

54, Ignacio A. Cerda, (2008). "Gastroliths in an ornithopod dinosaur", *Acta Palaeontologica Polonica*, 53(2): 351-355.

55, Norell, Mark A.; & Makovicky, Peter J. (1999). "Important features of the dromaeosaurid skeleton II: information from newly collected specimens of *Velociraptor mongoliensis*". *American Museum Novitatse*, 3282: 1–45.

56, Maxwell, W. D. & Witmer, L. M. (1996) . "New Material of *Deinonychus* (Dinosauria, Theropoda)". *Journal of Vertebrate Paleontology*, 16 (3): 51A.

57, Witmer, Lawrence M. & Maxwell, William D. (1996). "The skull of *Deinonychus* (Dinosauria:Theropoda): New insights and implications. Journal of Vertebrate Paleontology", 16 (3): 73A.

58, Chen, Z.-Q.; Lubin, S. (1997). "A fission track study of the terrigenous sedimentary sequences of the Morrison and Cloverly Formations in northeastern Bighorn Basin, Wyoming". *The Mountain Geologist*, 34: 51–62.

59, Grellet-Tinner, G.; and Makovicky, P. (2006). "A possible egg of the dromaeosaur *Deinonychus antirrhopus*: phylogenetic and biological implications". *Canadian Journal of Earth Sciences*, 43: 705–719.

60, Erickson, Gregory M.; Curry Rogers, Kristina; Varricchio, David J.; Norell, Mark A.; and Xu, Xing. (2007). "Growth patterns in brooding dinosaurs reveals the timing of sexual maturity in non-avian dinosaurs and genesis of the avian condition". *Biology Letters*, 3 (5): 558–61.

61, Olshevsky, G., (2000). "An annotated checklist of dinosaur species by continent". *Mesozoic Meanderings* , 3: 1-157.

62, Prum, R.; Brush, A.H. (2002) ." The evolutionary origin and diversification of feathers". *The Quarterly Review of Biology*, 77 (3): 261–295.

63, Turner, AH; Makovicky, PJ; Norell, MA. (2007). "Feather quill knobs in the dinosaur *Velociraptor*". *Science*, 317 (5845): 1721.

64, Godefroit, Pascal; Currie, Philip J.; Li Hong; Shang Chang Yong; and Dong Zhiming. (2008) . "A new species of *Velociraptor* (Dinosauria: Dromaeosauridae) from the Upper Cretaceous of northern China". *Journal of Vertebrate Paleontology*. 2008, 28 (2): 432–438.

65, Barsbold, Rinchen; Osmólska, Halszka. (1999). "The skull of *Velociraptor* (Theropoda) from the Late Cretaceous of Mongolia". *Acta Palaeontologica Polonica*, 44 (2): 189–219.

66, Ostrom, John H. (1969). "Osteology of *Deinonychus antirrhopus*, an unusual theropod from the Lower Cretaceous of Montana". *Bulletin of the Peabody Museum of Natural History*, 30: 1–165.

67, Swisher, Carl C., Wang, Yuan-qing, Wang, Xiao-lin, Xu, Xing, Wang, Yuan. (1999) . "Cretaceous age for the feathered dinosaurs of Liaoning, China". *Nature*, 400:58-61.

68, Zhou, Z. (2006). "Evolutionary radiation of the Jehol Biota: chronological and ecological perspectives". *Geological Journal*, 41: 377–393.

69, Xu, X.; Zhou, Z.; Prum, R.O. (2001) . "Branched integumental structures in *Sinornithosaurus* and the origin of feathers". *Nature*, 410: 200–204.

70, Zhang, Fucheng; Kearns, Stuart L.; Orr, Patrick J.; Benton, Michael J.; Zhou, Zhonghe; Johnson, Diane; Xu, Xing and Wang, Xiaolin (2010). " Fossilized melanosomes and the colour of Cretaceous dinosaurs and birds". *Nature*, 463(7284), p. 1075.

71, Lü Junchang, Xu Li, Zhang Xingliao, Ji Qiang, Jia Songhai, Hu Weiyong, Zhang Jiming and Wu Yanhua. (2007). "New dromaesoaurid dinosaur from the Late Cretaceous Qiupa Formation of Luanchuan area, western Henan, China". *Geological Bulletin of China*, 26 (7): 777-786.

72, Zheng, Xiaoting; Xu, Xing; You, Hailu; Zhao, Qi; Dong, Zhiming. (2010). "A short-armed dromaeosaurid from the Jehol Group of China with implications for early dromaeosaurid evolution". *Proceedings of the Royal Society B*, 277 (1679): 211–217.

73, Bonde N. and Christiansen P., (2003)."New dinosaurs from Denmark", *Comptes Rendus Palevol*, 2: 13-26.

74, Dong and Currie, P. (1996). "On the discovery of an oviraptorid skeleton on a nest of eggs at Bayan Mandahu, Inner Mongolia, People's Republic of China." *Canadian Journal of Earth Sciences*, 33: 631-636.

75, Clark, J.M., Norell, M.A., & Barsbold, R. (2001). "Two new oviraptorids (Theropoda:Oviraptorosauria), upper Cretaceous Djadokhta Formation, Ukhaa Tolgod, Mongolia." *Journal of Vertebrate Paleontology* 21(2):209-213.

76, Norell, Clark, Chiappe, and Dashzeveg, (1995). "A nesting dinosaur." *Nature*, 378: 774-776.

77, Ji, Q., Currie, P.J., Norell, M.A., and Ji, S. (1998). "Two feathered dinosaurs from northeastern China" . *Nature*, 393 (6687): 753–761.

78, Zhou, Z., and Wang, X. (2000). "A new species of *Caudipteryx* from the Yixian Formation of Liaoning, northeast China". *Vertebrata Palasiatica*, 38 (2): 113–130.

79, Zhou, Z., Wang, X., Zhang, F., and Xu, X. (2000). "Important features of *Caudipteryx* - Evidence from two nearly complete new specimens." *Vertebrata Palasiatica*, 38(4): 241-254.

80, Jones, T.D., Farlow, J.O., Ruben, J.A., Henderson, D.M., and Hillenius, W.J. (2000). "Cursoriality in bipedal archosaurs." *Nature*, 406(6797): 716-718.

81, Xu, X. and Norell, M.A. (2006). "Non-Avian dinosaur fossils from the Lower Cretaceous Jehol Group of western Liaoning, China." *Geological Journal*, 41: 419-437.

82, Dyke, G.J., and Norell, M.A. (2005). "*Caudipteryx* as a non-avialan theropod rather than a flightless bird." *Acta Palaeontologica Polonica*, 50(1): 101-116.

83, Xu, X., Tan, Q., Wang, J., Zhao, X., and Tan, L. (2007)."A gigantic bird-like dinosaur from the Late Cretaceous of China". *Nature*, 447: 844–847.

84, Zhang, F., Zhou, Z., Xu, X. & Wang, X. (2002). "A juvenile coelurosaurian theropod from China indicates arboreal habits". *Naturwissenschaften*, 89: 394–398.

85, Senter, P. (2007). "A new look at the phylogeny of Coelurosauria (Dinosauria: Theropoda)." *Journal of Systematic Palaeontology*, 5(4): 429-463.

86, Zhang, F., Zhou, Z., Xu, X., Wang, X. and Sullivan, C. (2008). "A bizarre Jurassic maniraptoran from China with elongate ribbon-like feathers", Supplementary Informtion. *Nature*, 455.

87, Sekiya, T. & Dong, Z. (2010). "A New Juvenile Specimen of *Lufengosaurus huenei* Young, 1941 (Dinosauria: Prosauropoda) from the Lower Jurassic Lower Lufeng Formation of Yunnan, Southwest China". *Acta Geologica Sinica* 84(1): 11-21.

88, Young, C.-C. (1941). "A complete osteology of *Lufengosaurus huenei* Young (gen. et sp. nov.) from Lufeng, Yunnan, China". *Palaeontologia Sinica, New Series* C 7: 1-59.

89, Bonnan, M. F.(2003)."The evolution of manus shape in sauropod dinosaurs: implications for functional morphology, forelimb orientation, and phylogeny." *Journal of Vertebrate Paleontology*, 23: 595-613.

90, Sander, P. M., Mateus, O., Laven, T., Knötschke, N. (2006). "Bone histology indicates insular dwarfism in a new Late Jurassic sauropod dinosaur". *Nature*, 441: 739-741.

91, Weishampel, D., Norman, D. B. et Grigorescu, D. (1993). "*Telmatosaurus transsylvanicus* from the Late Cretaceous of Romania: the most basal hadrosaurid dinosaur". *Palaeontology*, 36: 361-385.

92, D'Emic, M.D. and B.Z. Foreman, B.Z. (2012). "The beginning of the sauropod dinosaur hiatus in North America: insights from the Lower Cretaceous Cloverly Formation of Wyoming." *Journal of Vertebrate Paleontology*, 32(4): 883-902.

93, Young, C.C., and Zhao, X.-J. (1972). "*Mamenchisaurus hochuanensis* sp. nov." *Institute of Vertebrate Paleontology and Paleoanthropology Monographs*, A, 8:1-30.

94, Hou, L.-h.; S.-w. Zhou; and S.-c. Chao. (1976). "New discovery of sauropod dinosaurs from Sichuan". *Vertebrata PalAsiatica*, 14 (3): 160–165.

95, Wedel, M.J., and Cifelli, R.L. (2005). "*Sauroposeidon*: Oklahoma's native giant." *Oklahoma Geology Notes*, 65(2): 40-57.

96, Dong, Z., Zhou, S. & Zhang, Y. (1983). "Dinosaurs from the Jurassic of Sichuan". *Palaeontologica Sinica*, New Series C 162(23): 1-136.

97, Dong Zhiming, Peng G., Huang D. (1989). "The discovery of the bony tail club of sauropods". *Vertebrata Palasiatica*, 27: 219–224.

98, Chatterjee, S. & Zheng, Z. (2002)."Cranial anatomy of *Shunosaurus*, a basal sauropod dinosaur from the Middle Jurassic of China". *Zoological Journal of the Linnean Society* 136(1): 145–169.

99, Knoll, F.; Ridgely, R. C.; Ortega, F.; Sanz, J. L.; Witmer, L. M. (2013). Butler, Richard J. ed. "Neurocranial Osteology and Neuroanatomy of a Late Cretaceous Titanosaurian Sauropod from Spain (Ampelosaurus sp.)". *PLoS ONE* 8: e54991.

100, You, H.-L.; Li, D.-Q.; Zhou, L.-Q.; and Ji, Q. (2008). "*Daxiatitan binglingi*: a giant sauropod dinosaur from the Early Cretaceous of China". *Gansu Geology*, 17 (4): 1–10.

101, You, H., Li, D., Zhou, L., and Ji, Q. (2006). "*Huanghetitan liujiaxiaensis*. a New Sauropod Dinosaur from the Lower Cretaceous Hekou Group of Lanzhou Basin, Gansu Province, China". *Geological Review*, 52 (5): 668–674.

102, Mazzetta, Gerardo V.; Christiansen, Per; Fariña, Richard A. (2004). "Giants and Bizarres: Body Size of Some Southern South American Cretaceous Dinosaurs" . *Historical Biology*, 65: 1–13.

이 책을 만든 사람들

자오촹과 양양은 다양한 예술적 매체를 활용해서 과학 지식을 쉽고 재미있게 전달하기 위해 함께 노력하는 전문가들입니다. 과학을 주제로 한 작품활동에 전념해 온 예술가 자오촹과 어린이 대상의 과학도서 작가인 양양은 2010년 6월 1일 베이징에서 과학과 예술의 융합에 주력하는 기업인 PNSO를 공동으로 설립했습니다. 그리고 다양한 과학 지식을 더 널리 전파하기 위한 장기적 계획을 수립하고 하나하나 실현해 왔습니다. 그들이 창조한 내러티브는 다양한 생물종과 자연의 상호작용, 인류 공동체, 그리고 서로 다른 문화권 사이의 복잡한 관계를 고려하면서 지구의 과거, 현재, 미래를 탐험하고 있습니다.

공룡을 비롯한 고생물들을 정교하게 재현한 피규어로 특히 유명한 PNSO의 다양한 프로젝트와 결과물은 전 세계의 많은 사람에게 사랑받고 있습니다. PNSO는 최신의 과학 지식을 정확히 전달하기 위해 학계의 전문가들이나 전 세계의 주요 연구소들과 긴밀하게 협업해 왔습니다. 그리고 공교육 분야에 기여하기 위해 미국 자연사박물관과 중국 과학 아카데미를 포함한 단체들과 공동 전시회를 개최하고 있습니다. PNSO가 제작한 일러스트, 피규어, 영상 등의 다양한 작품은 네이처, 사이언스, 셀을 포함한 주요 학술 저널과 뉴욕 타임스, 워싱턴 포스트, 가디언, 아사히 신문, 인민일보, BBC, CNN, 폭스 뉴스, 그리고 CCTV를 비롯한 수많은 언론 매체에서 인용되거나 소개되어 왔습니다.

이 책의 감수자 마크 A. 노렐 박사는 미국의 고생물학자이며 특히 척추고생물학 분야의 독보적인 석학입니다. 현재 미국 자연사박물관 고생물학 분과 책임자인 그는 특히 수각류 공룡 화석에서 배아의 흔적을 발견하고 깃털을 가진 공룡의 존재를 규명하여 국제적인 명성을 얻었습니다. 또한 아프사라비스, 비로노사우루스, 키티파티, 차간, 아킬로바토르 등 수많은 공룡 화석을 발굴하고 학명을 부여한 인물이기도 합니다. 여러 편의 논문이 사이언스나 네이처와 같은 학술 저널의 커버스토리로 게재되었고, 1993년과 1994년, 1996년에는 타임지에서 '가장 중요한 과학 연구물'로 선정되기도 했습니다.

옮긴이 이승헌은 출판편집자로서 오랫동안 일하면서 좋은 책을 만들기 위해 노력해 왔으며, W.W. 노턴앤컴퍼니의 대인관계 신경생리학 시리즈와 보이스타운 프레스의 Executive FUNction 시리즈에 포함되는 몇 권의 책을 번역한 바 있습니다.

PNSO 어린이 백과사전
공룡의 시간

초판 1쇄 펴낸날 2023년 5월 15일
그린이 자오창
지은이 양양
감수자 마크 A. 노렐
옮긴이 이승헌
펴낸이 신은경
펴낸곳 바수데바
　　　　(10111) 경기도 김포시 사우로 51, 105-604
홈페이지 https://blog.naver.com/vasudeva79
이메일 vasudeva79@naver.com
FAX 031-624-0746
출판등록 2017년 4월 5일 제2017-000009호

ISBN 979-11-966466-4-6 76450
값 27,000원

* 잘못된 책은 구입처에서 교환해 드립니다.

PNSO ENCYCLOPEDIA FOR CHILDREN: *The Secrets of Dinosaurs* by YANG Yang and ZHAO Chuang
Copyright © 2015, PNSO. All Rights Reserved.
Korean rights arranged through Media Solutions Japan (info@mediasolutions.jp) in conjunction with CA-LINK International LLC (www.ca-link.cn).

이 책은 CA-LINK International LLC를 통한 저작권자와의 독점계약으로 바수데바에서 출간되었습니다.
저작권법에 의해 한국 내에서 보호를 받는 저작물이므로 무단전재와 복제를 금합니다.